우리 가까이, 미얀마

19세 청년이 만난 9인의 미얀마 민주화 이야기

အင်တာဗျူးပါဝင်ဖြေဆိုပေးကြပါသော
မြန်မာလူမျိုးအားလုံးကို အထူးကျေးဇူးတင်ရှိပါသည်။
မြန်မာ့ဒီမိုကရေစီနှင့် မြန်မာ့နွေဦး အမြန်ဆုံး
ပြန်လည်ရရှိနိုင်စေရန် စာရေးသူဆုတောင်းအပ်ပါသည်။

인터뷰에 응해주신 미얀마분들께
진심을 담아 감사를 드립니다.
민주화가 이루어진 미얀마의 봄을 기원합니다.

그대, 미얀마의 슬픔과 분노에 함께 하시기를

전종호 시인

등잔 밑이 어둡다고 먼 나라 미국이나 유럽에 대해서는 잘 알지만, 정작 우리는 우리 자신에 대해서, 그리고 바로 우리 이웃에 대해서 잘 모르는 경우가 많습니다. 더구나 동남아시아에 대해서는 더욱 잘 알지 못합니다. 어쩌다 여행길 관광 차원에서 주마간산 격으로 스치듯 보고 맙니다. 그러면서도 가까운 이웃 나라를 잘 알고 있는 듯 허위의식에 빠져들기도 합니다.

미얀마도 그런 나라 중의 하나입니다. 어른들의 경우는 대개 '버마'라는 옛 이름으로 기억하고 있습니다. 조금 더 아는 사람은 아웅산 사태 정도를 기억하고 있습니다. 아주 잘 아는 사람도 아웅산 수찌의 고난과 집권과 실패 정도를 기억하는 정도입니다. 군부독재의 연원과, 군부와 아웅산 수찌 협력관계나, 이 협력관계 속에서 탄압받았던 미얀마 민중과 소수민족의 수난사를 아는 사람은 드뭅니다.

그러나 사실 조금 더 관심을 가지고 미얀마를 들여 다 보면 과거의 우리 근대사가 보입니다. 우리도 해방된 조국에서 일제청산이 되지 않은 채 친일부역세력들이 우리 사회의 주류가 되고 이런 체제를 군부가 뒷받침하다가, 두 번의 쿠데타를 통해서 군부가 스스로 집권세력이 되는 뼈아픈 경험을 가지고 있으며, 그 후유증은 아직 이 사회 곳곳에, 그리고 한국인의 심성 속에 그대로 남아있습니다.

이 책은 세 가지 점에서 놀라움을 줍니다.

첫째, 이 책은 인터뷰지만 정확히 말하면 미얀마 군사쿠데타의 증언집이라고 할 수 있습니다. 한국에 일하러 또는 공부하기 위해서 온 노동자들과 학생들의 입을 통해서 미얀마의 현재를 직접 증언하는 것입니다. 조국에서 직접 군사쿠데타를 목격하고 경험하고 온 사람들도 있고, 한국에 와있다가 군사 쿠데타 소식을 들은 사람들도 있습니다. 당국이 정보의 외부 유출을 공식적으로 차단하여 정규 매체를 통하여 들을 수 없는 미얀마 국민들의 실상을 아주 자세하게 사실적으로 전하고 있습니다. 그래서 이 책은 마치 현지에 파견된 분쟁지역 기자가 전해주는 뉴스와 같은 역할을 하고있습니다.

둘째, 이 책은 이주노동자들의 눈을 통해서 한국과 한국문화의 현실을 다시 돌아보게 합니다. 반면교사의 역할을 톡톡히 하고 있습니다. 이들은 한국의 경제와 문화를 부러워하면서도 우리의 치부도 예리하게 보고 있습니다. 돈돈돈 하면서 사는 우리의 천민적 자본주의 의식과, 빨리빨리 문화가낳은 비인간적 실상도 꼬집고 있습니다. 우리가 거울을 통해서 우리의 외모를 살피듯이 문화와 성장 배경이 다른 이주노동자의 눈을 통해서 우리가 놓치는 내면적 실수들을 반성하고 개선해 가는 노력이 필요합니다.

셋째, 저는 작가 류해온을 주목합니다. 류해온은 고등학교를 중퇴한 학교밖 청소년입니다. 청소년을 학교 안팎으로 구분하는 것 자체가 학교교육(schooling) 중심적 사고입니다만, 거꾸로 교육과 배움이 학교 안에 있다는 사고를 통쾌하게 전복시키는 모델이라고 생각합니다. 류해온은 여행을 통해 삶의 원리와 지식을 스스로 배우고 깨치는 자칭 지구촌 학교 학생입니다. 이 대담 또는 인터뷰를 보면 그의 생각의 깊이와 지식의 넓이를 가늠해 볼 수 있습니다. 무엇보다 어려운 문제를 주저하지 않고 찾아가 만나고 해결하려는 기획력과 문제해결력이 있습니다. 저는 40년 가까이 학교에서학생을 가르친 사람입니다만, 제가 가르친 학생들이 실제로사회에 나가서 문제를 찾고 문제를 해결하기 위해서 누구를만나고 무엇을 해야 하는지 하는 능력을 가지고 학교를 졸업했을까 생각하면 부끄러움을 많이 느낍니다.

여행은 단순히 풍경을 보는 것이 아니라 풍경 뒤의 사람을 보고 결국 풍경과 사람을 읽고 해석하는 능력을 키우는 것이라고 한다면, 작가 류해온이야말로 여행을 통한 학습으로 크게 성취를 이룬 사람이라고 생각합니다.

이 책이 많이 알려지고 읽혀지기를 바라는 마음 간절합니다. 이 책이 많이 읽혀지는 것이 미얀마 민주화를 지원하는 방편이 될 것입니다. 한 나라의 민주주의 촛불이 켜지는 것은 그 나라 국민들의 염원과 단결에 달려있습니다만, 민중의 국제적 연대도 큰 힘이 됩니다.

빨리 미얀마가 민주화되어서 저도 이 책을 들고 양곤이나 바간 그리고 인레호수에 가서 유서 깊은 미얀마의 유적과 자연을 돌아보고 그동안 고생한 미얀마 사람들의 손을 잡아 드리고 싶습니다.

목차

추천사   4

프롤로그   10

책을 읽기 전에   14

첫 번째 대화 **조산**   19
"아이들이 빨리 학교로 돌아갔으면 좋겠어요"

두 번째 대화 **조모아**   49
"당장 내일, 민주화가 이뤄질 거라 믿어요"

세 번째 대화 **아웅묘우**   69
"민주화를 위해 이 책의 일원이 되고 싶어요"

네 번째 대화 **네옴**
"미리 막지 않으면 비극은 곧 나에게 올 거예요"   83

다섯 번째 대화 **에이띤**   99

"쿠데타 후 바로 학생단체를 만들었어요"

여섯 번째 대화 **몬난따킨**   115

"전쟁 때문에 공부 못 한 아이들을 돕는 게 꿈이에요"

일곱 번째 대화 **미모뚜**   129

"할머니가 돌아가실 때, 옆에 있을 수 없었어요"

여덟 번째 대화 **예진**   139

"미디어로 민족 화합을 꿈꿉니다"

아홉 번째 대화 **윤성효**   165

"힘없는 자의 목소리를 전하는 게 기자 임무입니다."

에필로그   184

프롤로그

  '세 손가락'의 의미를 알게 된 것은 지난해 가을이었다. 나는 2023년, 부평구청에서 열린 미얀마 민주화를 위한 영화제에 행사 보조로 참여했다. 고등학교 2학년 자퇴 후 여행, 독서 등으로 조용히 지내고 있었기에 낯선 봉사활동에 호기심이 일었다. 행사장에 가기 전, '민주화'라는 단어만으로 영화제 분위기가 무거울 것이라고 예상했다. 뜻밖이었다. 강당을 가득 채운 미얀마인들은 모두 밝은 얼굴, 열정적 몸짓으로 조국의 민주화를 노래하고 있었다. 미얀마의 군부 쿠데타와 민주화 운동에 대해 잘 몰랐던 나는, 이렇게 많은 이들이 우리 땅에서 활동하고 있었다는 것에 놀랐다.

우리나라에 나 같은 사람이 적지 않을 것이라고 생각했다. 사실, 우리도 과거 수십 년 동안 군부독재의 어두운 터널을 지났다. 하지만 미얀마는 현재진행형이다. 쿠데타 발발(2021년) 후 시간이 많이 흘렀고, 군부의 언론통제로 실상이 대부분 묻혔다. 그럼에도 민주화를 향한 미얀마인의 의지는 식지 않고 있다. 일자리와 공부를 위해 타국에 와서도 매 주말 지치지 않고 시위, 모금 활동을 하는 모습이 그것을 말해준다. 그들의 집회현장에 가면 이색적인 광경을 볼 수 있다. 모두 한 몸짓으로 세 손가락을 내세운다. '세 손가락 경례'로 불리는 이 행위는 '선거, 민주주의, 자유'를 뜻하는 그들만의 독특한 평화시위 상징이다.

　나는 우연히 알고 깨닫게 된 것들을 많은 사람에게 알리고 싶었다. 우리의 일상에서 멀고 낯선 미얀마와 미얀마인에 대해서, 그리고 그들이 겪고 있는 고통과 외침에 대해서.

　나의 첫 책, <우리 가까이, 미얀마>는 이곳에 살고 있는 노동자를 비롯한 유학생, 시민단체 대표 등 다양한 미얀마인들과의 인터뷰를 담고 있다. 서울과 부평, 경남 창원 등 전국 곳곳을 다니며 만난 8명의 미얀마인, 그리고 미얀마 민주화운동을 취재해온 한 기자와의 만남을 기록했다.

인터뷰 시작 전, 언어의 장벽을 걱정했는데 다행히 대상자 대부분이 한국어가 가능했기 때문에 안도했다. 능숙하지 않은 분들이 몇 분 있어, 간혹 질문에 대한 오해로 엉뚱한 대답을 하거나 또, 글로 옮기는 과정이 암호해독처럼 느껴지는 등 어려움이 있었다. 그래도, 매끄러운 문장보다 중요한 것은 진심을 담는 것이기에 그들의 표현과 말투를 크게 바꾸지 않았다.

이 책은 정치적인 책이 아니다. 그래서 미얀마 쿠데타와 민주화 운동에 대한 의견, 주장, 전망 등을 앞세우지 않았다.

낯설고 먼 나라의 사람들,
언어와 문화가 다른 사람들,
그러나 우리와 같은 역사적 아픔을 지닌 사람들,
그 한 사람, 한 사람에 대해 이야기하고 싶었다.
그들도 우리가 누리는 것을 바라고
우리와 같은 꿈과 열망을 지닌 채,
우리 가까이에 있다는 것을 전하고 싶었다.

우리 가까이,
미얀마

'우리 가까이, 미얀마'를
더 가까이 이해하기 위한
딱 5분, 미얀마 역사 이야기

미얀마는 놀라운 나라다.

캄보디아 앙코르와트, 인도네시아 보로부두르 사원과 함께 세계 3대 불교 유적지를 갖고 있으며, 한때 세계 쌀 생산 1위였던 기름진 땅은 천연가스, 희토류, 석유 등 풍부한 자원을 품고 있다. '죽기 전에 꼭 가봐야 한다'는 바간의 2,800개 불교 탑의 장관은 유네스코 세계유산으로 등재돼 관광객들을 유혹하고 있다.

그런 빛나고 아름다운 미얀마가 오늘날, 어쩌다 여행 위험국이 되었을까, 그 이유를 알아보자.

우리가 일제 식민지 36년 만인 1945년, 해방을 맞아 대한민국이란 독립국이 된 것처럼 미얀마는 영국 식민지 약 120년을 겪은 후인 1948년, '버마 공화국'으로 독립한다. 부푼 꿈으로 시작했던 민주 독립국가 '버마 공화국'은 정부의 부패와 내전 등으로 엉망이 되다 1962년, 네 윈 장군이 이끈 군사 반란 세력의 쿠데타로 군사독재정권이 들어선다. 네윈의 군부독재가 26년간 이어지면서 미얀마의 자유는 억압되고 경제마저 추락해 UN이 지정한 세계 최빈국이 된다.

군부독재와 경제난에 시달리며 항거해온 미얀마 국민은 1988년 8월 8일, 이름 하여 8888혁명을 대대적으로 일으킨다. 시민의 평화시위에 들이댄 군부의 총칼로 시민 수천 명이 사망한 참사가 일어났으나 결국 이 혁명으로 26년 독재한 네 윈 군사정권은 막을 내렸고 1990년, 국민이 간절히 바라던, 역사적인 총선거를 통해 민주화 영웅 '아웅산 수찌'가 이끄는 민주주의민족동맹(NLD)을 탄생시킨다.

그러나 얼마 지나지 않아, 또 다른 신군부가 등장했고 그들은 민주정부 탄생을 부정선거로 무효화하고 아웅산 수찌를 가택연금 시킨다. 그렇게 국민들의 피로 얻은 민주화는 다시 한번 군부독재의 군홧발에 짓밟힌다. 2007년, 이번에는 승려들이 혁명에 앞장선다. 불교국가 미얀마에서 존경의 대상인 승려들이 사찰 밖을 나와 전 국민을 이끌고 민주화 시위에 나선 것이다. 이 혁명을 승려복을 물들일 때 쓰는 꽃 이름을 따 '샤프란 혁명'이라고 부른다. 샤프란 혁명으로 2015년, 국민 직선제 시행으로 가택연금 중이던 아웅산 수찌가 풀려나게 된다. 그녀가 이끌었던 민주주의민족동맹(NLD)은 또다시 국민들의 절대적 지지를 받아 전면에 나선다. 미얀마 국민들은 이제는 정말 민주화가 이루어졌다고 생각했다.

안타깝게도 미얀마의 봄은 오래가지 않았다. 2021년, 민 아웅 흘라잉 장군이 이끈 신군부가 또다시 쿠데타를 일으켰다. 그러나 미얀마 국민들의 저항도 전과 달라졌다. 샤프란 혁명으로 5년 넘게 민주화를 경험했기 때문이다. 자유의 나라에서 숨 쉬는 게 어떤 것인지 알아버렸기 때문이다.

2021년 4월, 미얀마인들은 새 정부를 만든다. 이름 하여, '국민통합정부(NUG)'. NUG는 미얀마 연방 민주헌장에 근거해 17개의 정부 부처를 만들고 시민 방위군인 PDF까지 결성했다. 국제사회 공식 정부로는 인정받지 못했지만, 군부독재가 종식된, 미래 미얀마의 희망이다. 현재 미얀마인들은 NUG와 비밀리에 연계, 전국 곳곳에서 군부와 맞서 싸우고 있다.

국제사회의 관심과 연대가 더 중요해졌다. 노동자로, 유학생으로, 망명자로 미얀마를 떠난 이들은 NUG를 알리는 민간 외교관이 되었다. 우리나라에 온 미얀마 노동자들, 유학생들도 전국 곳곳에서 집회와 모금 활동 등을 벌이며 외치고 있다.

　"한국인이여, 군부독재의 어두운 터널을 지나와 민주화를 이룬 한국인들이여, 우리의 고통과 희망에 연대해달라."

　이제 그들 중 9명의 목소리를 들을 차례이다.

책 속에 나오는 낯선 단어들

PDF   미얀마 시민방위군을 뜻하는 People's Defence Force의 약자로, 군부의 무차별적 학살과 시위진압에 맞선 무장투쟁을 위해 결성한 시민 군대.

민족 사람들   미얀마는 135개 소수민족으로 구성된 다민족 국가다. 그들은 소수민족들을 '민족 사람들'이라고 부른다.

NUG   미얀마 국민통합정부를 뜻하는 National Unity Government of Myanmar의 약칭.
2021년, 쿠데타로 쫓겨난 국회의원들과 소수민족 단체 구성원, 반정부 시위대 인사 등으로 구성된 망명정부로, 군부에 맞서기 위해 인민 방위군을 편성하는 등 미얀마의 민주화를 위해서 적극적으로 활동하고 있다. 군부는 이들을 불법 테러단체로 지정했으나, NUG는 점차 국제사회로부터 공식 정부로 인정을 늘리고 있다.

첫 번째 대화
조산
Kyaw San

"아이들이 빨리 학교로 돌아갔으면 좋겠어요"

첫 번째 대화
조산
Kyaw San, 1995년생

　부평역 2번 출구에서 만난 그는 나를 미얀마 식당으로 데려갔다. 조산 씨의 친구가 개업한 식당인데 현재 그곳에서 일을 도와주고 있다고 했다. 식당 안은 독특한 분위기와 낯선 냄새를 풍겼고 처음 보는 미얀마 글자들이 벽에 가득했다. 이런 미얀마 식당이 부평에 20여 개가 넘는다고 한다. 식당의 소음과 어두운 조명 탓에 적합한 인터뷰 장소는 아니었지만, 배려 깊은 조산 씨 덕에 편하게 진행되었다. 조산 씨는 유창한 한국어로 자신의 의견과 주장을 밝혔다. 그리고 이후의 다른 인터뷰를 진행할 때도 여러 가지로 유용한 정보와 도움을 주었다. 첫 인터뷰 작업이라 잔뜩 긴장해 있었는데, 조산 씨 덕에 첫발을 순조롭게 내디딜 수 있었다.

※ 대화의 진정성을 전하기 위해 가급적 수정 없이 있는 그대로 기록했다.

해온 책에 사진이 들어가도 될까요? 미얀마에서 감시하고 있다는 얘기를 들어서요.

조산 민주화 운동 할 때, 오히려 얼굴 많이 보여줘야 해요. 그래야 다른 사람들이 관심을 가져요. 우리가 무섭다고 안 나오면 다른 사람들도 안 나와요. 이미 인터넷에 제 얼굴이 많이 알려져 있어서 상관없어요.

저희 활동이 알려져서 제 가족들을 포함한 많은 사람이 미얀마에서 군부를 피해 도망가고 힘들어지는 건 사실이지만, 그래도 얼굴이 나와서 사람들에게 우리 활동이 더 알려지고 모금도 잘돼서 미얀마 사람들을 도우면 좋겠죠.

해온 실제 잡힌 분들도 있나요?

조산 많이 있어요. 어마어마하게 있겠죠. 페이스북에 올린 게시물에 주소 나오기라도 하면 잡혀요. 저희가 집회 같은 거 하면 대사관에서도 나와서 사진 찍고 미얀마 군부나 경찰 쪽에 신상 다 넘겨버려요. 그러면 현지에 살고 있는 가족들은 피해야 하는 거죠. 활동 많이 하는 사람일수록 가족들이 더 위험해요.

해온   언제 한국에 오셨나요?

조산   2016년 12월에 돈 벌러 왔어요. 그런데 취업 비
자 기간이 끝나버려서 한 달에 한 번 난민 비자
연장해서 살고 있어요. 미얀마 사람들은 원래 태
국, 말레이시아에 많이 가요. 비자 신청하면 쉽
게 갈 수 있거든요. 저 같은 경우는 한국에 오려
고 2년 정도 준비해서 비자를 받았어요. 시험을
통과해야 하는데 만 명이 신청해도 점수가 높은
이천 명 정도만 합격하는 시험이에요. 2013년에
고등학교 졸업하자마자 한국어 배우고 2014년
에 한국어 시험 봤어요.
EPS-TOPIK(외국인 구직자들을 위한 한국어능력
시험)라는 시험인데 그 시험을 준비하는 학당에
서 준비했어요.

해온   태국이나 말레이시아가 비자 받기는 더 수월한
데도 한국을 선택하신 이유가 있나요?

조산   한국이 월급이 높잖아요. 한국에서 한 달 일해서

받는 돈이 미얀마에서는 1년 일해서 받는 돈이
에요.

해온　　어떤 일을 하시는지요?

조산　　지금은 일이 없어요. 취업 비자 기간 5년이 끝나
서 난민 비자를 신청했는데 취업 불가라고 나왔
어요. 그래서 일은 못하고 친구들이랑 여자친구
한테 도움받고 있어요.
그리고 집회랑 시위할 때 관청에 신고하는 역할
을 해요. 허가가 나오면 날짜랑 장소를 집회하는
친구들에게 알려주고요. 가끔 미얀마 식당 같은
미얀마 사람들이 많이 모이는 곳에 가서 우리
활동에 대해서 설명하고 모금활동도 홍보하면
서 같이 미얀마를 위해서 활동하자고 제안하기
도 해요. 그렇게 해서 원래 오십 명에서 백 명 정
도밖에 안됐던 사람들이 2022년부터 점점 늘어
나 천오백 명이 된 거예요. 다른 나라에 있는 미
얀마 사람들한테도 전화하고 설득해서 모았어
요.

해온　　한국에 처음 오셨을 때 어떤 느낌이었나요?

조산 한국에 오기 전에는 한국 드라마를 자주 봤어요. 특히 <사랑의 불시착>이 유명했어요. 드라마에서는 세련되고 화려한 모습만 나와서 어딜 가도 그런 줄 알았는데 그건 아니더라고요. 저희는 그래도 비교적 도시인 부평에 있지만 어떤 친구들은 공장들만 모여있고 버스도 한 시간에 한 번 오는 그런 시골에서 살기도 해요.

그리고 미얀마에서는 눈이 잘 안 오니까 한국에서 눈 오는 거 보면 예쁘겠다 생각했는데, 도착하자마자 너무 추워서 놀랐어요.

미얀마는 남북으로 긴 나라라 위도에 따라 기온 차이가 많이 난다. 조산 씨가 살았던 바간은 더울 때 섭씨 30도에서 40도가 보통이고 12월에도 28도까지 올라갈 정도로 더운 곳이라고 한다. 눈 내리는 것을 본 기억이 없다고 했다. 그런 곳에 살다 한국에 왔으니, 12월의 영하 기온에 놀라는 게 이해가 갔다. 그러니 눈 내리는 게 낭만적으로만 보일 리가…

조산 드라마 보면 존댓말을 많이 쓰고 천천히 얘기하는데 한국에 처음 왔을 때 회사에서 사장님이

화를 내거나 뭐라 할 때 한국어가 서툴러서 무
슨 뜻인지 몰라서 사전 찾거나 전화해서 친구한
테 물어보기도 하고... 스트레스가 많았어요. 뭐
가져오라고 시켰을 때 헷갈려서 다른 거 가져오
는 일도 많았고요. 지금은 저희가 한국어를 잘하
니까 한국에 새로 온 친구들을 도와주고 있어요.

해온   고향을 소개해주세요.

조산   '바간'이라는 곳이에요. 미얀마에 여행을 간다면
바간은 반드시 가야 하는 곳이에요. 역사적으로
미얀마의 문화와 언어는 바간에서 시작했다고
해도 과언이 아니에요. 한국도 세종대왕이 한글
을 만든 것처럼 미얀마 글자는 바간에서 시작됐
어요. 절이 엄청 많은 유적지 같은 곳이에요. 현
재 미얀마는 위험한 나라지만 바간은 안전한 편
이에요. 유엔에서도 그곳을 지키려고 노력을 하
고 있어요. 역사적 가치가 높아 보존해야 하는
중요한 도시예요.

해온   어릴 때 어떤 아이였나요?

조산 저는 부모님 말씀을 잘 안 듣는 편이었어요. 물론 말씀드린 것처럼 공부할 땐 공부를 했지만 공부가 끝나면 친구들이랑 자주 놀러 다녔는데 부모님은 그걸 싫어하셨어요. 그래서 맨날 잔소리를 듣기 일쑤였죠.

한번은 시험이 임박해서 꼭 공부해야 하는 날이었는데 부모님 모르게 친구들 집에 가서 놀고 돌아왔더니 엄청 욕먹고 혼나서 부모님이랑 한 달 동안 얘기를 안 했던 적도 있어요. 고등학교 졸업하고 나서는 후회가 돼서 사과드리고 화해했죠. 아직까지도 마음이 아프고 후회되는 일이에요.

그래서 고등학교를 마치고 형이 있는 도시에 가서 형의 회사 일을 많이 도와줬는데, 거기서 돈 벌어서 부모님에게 조금 보내드리고 맛있는 것도 많이 사드렸어요. 특히 아버지의 행복한 얼굴을 본 것, 좋은 아들이라는 말을 다시 들을 수 있었던 것이 기억나요.

해온 학교 이야기를 더 해주세요. 한국과 비교해서.

조산 한국 학교를 직접 경험해본 적은 없지만 여자친

구가 다니고 있는 한국 학교의 과제를 보면 문
화와 예절, 상식 같은 것들을 상당히 상세하게
알려주는데 미얀마는 그런 것이 없어요.

그리고 미얀마는 그저 외우는 것이 다예요. 학생
의 생각과 의견에는 관심이 없어요. 반면 한국은
시험문제만 봐도 객관식 문제가 많아서 질문을
잘 읽어보고 정답을 선택해야 하는 신중함이 필
요하잖아요. 주관식이나 논술형 문제도 학생의
생각을 묻는 문제가 많고요. 미얀마는 많은 양의
책을 외우고 그걸 그대로 토씨 하나 안 틀리고
적어야 해요. 그게 시험이에요.

공부는 하루 종일 해요. 제가 고등학교 다닐 때
는 4시 45분에 일어나서 5시부터 7시까지 배우
고, 7시부터 8시까지 쉬고 8시부터 11시까지 다
시 공부, 11시부터 12시까지 휴식 후에 12시부터
16시까지 공부, 그리고 한 시간 쉬고 22시까지
계속 공부했어요.

조산 씨의 말은 속사포 같다는 표현을 써도 될 정도로 빠르고
막힘이 없었다. 또, 날짜, 장소, 시간 등에 대한 정확하고 세세한
기억력이 놀라웠다.

혹시, 미얀마의 암기식 교육이 만든 순작용일까.

해온   학교 말고도 한국과 미얀마의 차이점, 공통점 말해주세요.

조산   언어가 닮은 점이 있어요. 어순이 비슷하거든요. 그리고 한국에서 설이나 추석 때 세배하잖아요. 미얀마도 4월과 10월에는 서로 떨어져 사는 가족이 다 모여서 세배하고 기도하고 맛있는 것도 먹어요. 세뱃돈 받는 문화도 비슷해요.
다른 것은, 일하는 곳에서 무언가 가리킬 때 발로 많이 하던데 미얀마에서는 엄청나게 무례한 거예요. 무조건 손으로 해야 돼요. 발로 물건을 가리키면 상대에게 악의가 있는 걸로 알고 서로 싸울 수도 있어요.
팔짱 끼는 것도 의미가 반대예요. 한국에서 상대방이 말할 때 팔짱을 끼면 회의적이거나 방어적인 태도로 받아들이는데, 미얀마에서는 부모님이나 선생님에게 하는 매너예요. 팔 펴고 들으면 안 좋게 생각해요. 학생들이 선생님의 말씀을 들을 때 꼭 팔짱을 껴야 돼요. 존중의 표시인 거죠.

그래서 한국에서 처음 일했을 때 사장님들과 얘기할 때 팔짱 끼다가 많이 혼났어요. 그래서 '난 존댓말도 하고 일도 잘했는데 왜 짜증을 내시지?'라고 생각 많이 했어요. 이런 문화 차이가 있는 것 같아요.

발로 무엇인가를 가리킨다는 것은 한국에서도 무례한 행동이다. 아마도 외국에서 온 노동자에게 함부로 대하는 이들이 있었던 것 같다. 공장에서만 일해온 조산 씨는 그것을 문화 차이로 생각해 당연하게 받아들이고 있는 것 같았다.

해온 의식주의 차이 때문에 불편했던 것은 없었나요?

조산 음식이 힘들었어요. 이제는 괜찮지만 초기에는 식당에 가도 먹을 수 있는 음식이 많지 않았어요. 음식이 너무 맵기도 했고 냉장고에 김치나 된장이 있으면 냄새 때문에 힘들기도 했어요. 근데 이제는 다 잘 먹어요. 김치찌개도 좋아하고요.

한창 대화가 진행되던 중 남자 열댓 명 정도가 식당 안으로 우르르 들어서며 사장과 반갑게 인사를 나누었다. 조산 씨는 그들이 축구대회를 마치고 오는 길이라고 했다. 어수선해진 분위기로 인한 이 소음 때문에 대화 녹음에 문제가 생길까 걱정되었다. 눈치를 챈 조산 씨가 근처 카페로 옮기자고 제안했다.

흰색과 분홍색조의 인테리어로 된 인스타 감성의 카페. 두 남자의 모습이 다른 사람의 눈에 어떻게 보일까 생각하면서 혼자 웃었다. 다행히 음악 소리도 적당했고 시끄러운 손님들도 없어 인터뷰를 하기에 좋은 공간이었다. 우리는 구석진 공간으로 가서 대화를 이어갔다.

이야기는 자연스럽게 미얀마 민주화 운동에 대한 주제로 넘어갔다.

해온   한국에서도 미얀마의 쿠데타와 비슷한 일이 있었다는 것, 알고 계시나요?

조산   네. 1980년에 광주에서 학생들이 민주화 운동을 한 사건으로 알고 있어요. <택시 운전사> 영화도 봤어요. 그 영화를 보면서 우리나라 상황도 이럴 거라고 생각해요. 한국인들하고 만날 때도 얘기 많이 해요. 우리나라도 한국처럼 잘 극복하면 좋겠어요.

해온 떠나와 있으니 걱정과 안타까움이 더 클 것 같습니다. 미얀마는 원래 '동남아시아의 보석'이라 불렸던 나라였지요?

조산 미얀마는 'Golden Country'라는 별명이 있었어요. 왜냐면 금이 엄청나게 많거든요. 쌀이나 옥도 풍부하고요. 미얀마는 한국보다 7배 정도 큰데 남북으로 길기 때문에 아주 더운 곳과 추운 곳이 존재하고, 기후가 다양한 만큼 농업이 발달해서 안 나오는 과일이 없어요. 하지만 이런 환경에도 아주 가난한 나라예요.

해온 풍부한 자원을 갖추고 있음에도 왜 빈곤국이 됐을까요?

조산 아마 군부 때문일 거예요. 그 사람들은 어마어마하게 부자예요. 왜냐하면 좋은 나무나 옥, 가스 등 좋은 것들은 다 가져갔거든요. 어디 잘 되는 가게가 있다고 하면 군부가 찾아가서 자기네 가게로 만들어 버리기도 해요.

그렇게 어려운 상황에 처한 미얀마 동포들을 주변 나라에 살고 있는 미얀마 사람들이 민주화단체를 만들어서 도와주고 있는 거죠. 민주화를 돕는 단체는 여러 개예요. 거기에 동참하는 회원들도 늘어나고 있고 군부가 앞으로는 힘이 점점 약해질 것으로 예상이 돼서 저희가 이길 수 있는 가능성이 점점 커지고 있어요.

해온   미얀마의 상황을 보여주는 사진이나 영상 자료가 많이 있나요?

조산   많이 안 나와요. SNS도 금지돼 있고, 인터넷이 잘 안 되는 지역이 많거든요. VPN(가상 사설망: 인터넷을 통해 사설로 연결한 것처럼 네트워크를 구성하여, 개인정보를 보호하면서 데이터를 주고받게 하는 서비스)으로 우회해서 사진을 올린다고 해도 군부가 알면 위험해요. 그래서 잡힌 기자들이 많아요. 영화 <택시 운전사>에 나오는 것처럼 외국 기자가 들어가서 촬영하는 것도 어려워요. KBS도 미얀마에서 촬영한 적이 있었는데 그것도 태국을 통해서 몰래 들어간 걸로 알고 있어요. 참고로 미얀마는 세계에서 기자들이 두 번째로 위험한 나라예요. 실제로 잡혀가고 징역 살고, 고문 받거나 심지어는 사망한 기자들도 많아요.

해온 미얀마의 그런 현실이 더 많은 나라에 알려져야 할텐데요... 그런데 '미얀마'를 예전의 '버마'로 알고 있는 외국인이 많다고 들었어요. '미얀마'로 바꾼 것은 미얀마 군사정권이라면서요? 그래서 민주화 운동을 하는 분들은 '버마'로 불리기를 원한다는데, 사실인가요?

조산 미얀마는 다민족 국가잖아요. (미얀마에는 약 130개의 민족이 있다) '버마'라는 이름은 영국이 다수 민족인 버마족의 이름에서 따온 것이기 때문에 다른 '민족 사람들'은 별로 좋아하지 않아요. 군부에 대한 반발심으로 버마를 더 선호할 수 있지만 현재는 선호에 상관없이 미얀마라는 국호를 쓰는 것이 앞으로 우리가 추구해야 할 민족 간의 평화와 화합에 다가가는 방법이라고 생각해요.

해온   현재 가족분들은 어떻게 살고 있나요?

조산   쿠데타 전에는 바간과 양곤에서 잘 살았었는데 이제는 한 곳에 정착하지 못하고 도망 다니고 있어요.

해온   자주 연락하시나요?

조산   가끔 하는데 전쟁이 일어난 지역에서는 통화가 안 돼서 못 해요. 건강도 안 좋으셔서 제 도움이 필요하신데 전 취업비자가 만료돼서 돈을 버는 게 쉽지 않으니 여자친구와 친구들에게 도움을 받고 있어요. 비자를 다시 받는 게 쉽지 않으니 나중에는 태국 같은 나라에 가서 돈을 벌어야 할 수도 있어요. 미얀마로 돌아가면 잡히기 때문에 위험해요.

해온   쿠데타 전에는 한국에서 어떻게 살았나요?

조산   다른 사람들처럼 잘살았어요. 미얀마에 계신 부모님에게 돈도 많이 보내 드렸고요. 그런데 2021년 2월에 쿠데타가 일어난 후에, 3월에 미얀마에 갔다 오려고 했는데 못 갔어요.

제가 2020년부터 20명 정도 모아서 미얀마에 만든 회사가 있었어요. 한국의 화장품, 라면, 건강식품 같은 것들을 미얀마에서 판매하고 반대로 미얀마의 음식, 옷, 그리고 기념품을 한국에 가져와서 한국에 있는 사람들에게 판매하는 회사였는데 꽤 잘 됐어요.

하지만 쿠데타가 일어나자 힘들어졌어요. 군부가 저를 찾아내서 가족들이 위험해졌던 사건이 있어서 저를 비롯한 몇 명은 손을 뗀 상태이고, 지금은 양곤에 있는 사무실에서 몇 명 정도가 운영하고 있어요.

회사는 물론 지금도 어려운 상황이고요. 쿠데타 이후엔 무언가를 하고 싶고 이루고 싶은 게 없는 것 같아요. 해도 좌절될 가능성이 높으니까요.

해온   현재 미얀마 상황이 심각하다고 들었어요.

조산   내전이 점점 심해지고 있어요. 그래서 도움이 절실해진 상황이에요. 지금 부평역 앞에도 여러 명이 하루 종일 서서 모금 운동을 하고 있어요.

다른 나라들의 도움이 필요한데 미얀마에 관심을 주기 힘들어해요. 지금 러시아-우크라이나 전쟁과 이스라엘-하마스 전쟁에 더 관심이 많거든요. 뉴스에도 잘 안 나오고 뉴스에 나오더라도 잘 살고 있고 괜찮다는 군부가 만들어낸 가짜 뉴스들뿐이에요. 그래서 언뜻 보기에는 위험해 보이지 않는 거죠.

여행하는 사람들도 갔다 오면 미얀마 괜찮아 보였다고 말하는데 그건 큰 도시나 관광지에서는 미얀마의 심각한 상황을 잘 볼 수 없기 때문이에요. 그래서 저희가 보는 실제 현지 상황의 사진이나 소식은 태국에서 활동하는 기자들을 통해서 볼 수 있어요. 거의 매일 안타깝고 슬픈 뉴스들이 나와요. 물가도 엄청 오른 상황이라 가난한 사람들은 밥도 제대로 못 먹는 상황이에요. 심지어 군부는 저항하는 사람들을 국민이라고 생각하지 않아요. 그래서 늙은 사람이나 어린아이들 상관하지 않고 공격해요.

해온 한국에 계시는 미얀마 사람들은 민주화를 위해서 구체적으로 어떤 일들을 하고 있나요?

조산　한국에 있으니까 미얀마에 있는 사람들처럼 직접 싸울 수가 없기 때문에 가장 많이 하고 힘이 될 수 있는 것은 모금이에요. 먼저 회원분들과 미얀마 사람들에게 모금하고 사람이 많이 모이는 곳에 가서 한국인들을 대상으로 모금을 하고 있어요. 저희는 부평, 수원, 평택 중심으로 많이 하고 있어요.

해온　민주화 운동을 위한 단체를 만들어 활동하고 있다고 들었습니다. 어떻게 만들어졌는지, 어떤 활동을 하는지요?

조산　저희는 MFDMC(Myanmar Federal Democratic Mission Collection 미얀마 연방민주주의 승리 연합)라고, 페이스북에 치면 나와요. 2022년에 시작했고 한국을 비롯해서 태국, 일본, 싱가포르, 말레이시아에 있어요. 한국에는 부평, 대구, 수원, 평택 등 전국에 팀이 각각 있고, 한국에 있는 회원은 천오백 명 정도 돼요. 회원들이 한 달에 5만~10만 원 정도씩 후원해줘요.

2021년 2월, 쿠데타 당시 제가 평택에 살았는데

거기에 외국인 노동자들 통역해주고 회사에서 부당한 대우 받거나 갈등이 생겼을 때 도와주는 외국인노동자센터가 있었어요. 거기 대표님이랑 친한 편이어서 제가 자주 가서 도와주었어요. 그런데 쿠데타가 일어나자마자 한 군데도 빠짐 없이 모두 일어나서 온라인 오프라인 안 가리고 반대운동을 했어요.

그렇게 미얀마 사람들이 힘을 합치게 되었는데, 그게 지금의 MFDMC예요. 막 창설됐을 때는 ZOOM을 통해서 매일 하루도 빠짐없이 회의했어요. 집회도 코로나 때문에 어려워서 소규모로 했어요.

해온   집회 외에 이벤트도 여시지요?

조산   영화제에서 티켓이랑 민주화 기념품인 티셔츠, 가방 그리고 도시락을 만들어 팔아서 돈을 모아요. 또 다른 활동으로는 미얀마 노동자분들도 참여하는 축구대회를 해요. 미얀마 사람들 축구 엄청나게 좋아하거든요. (대부분 영국의 프로축구팀인 맨체스터 유나이티드의 팬이라고 한다) 스무 팀에서 스물여섯 팀 정도가 참가하는데 한 팀에

30만 원씩 받아요. 그렇게 해서 모은 돈은 미얀마에 있는 사람들한테 보내줘요.

해온   미얀마로 간 돈은 어디에 어떻게 쓰이나요?

조산   지금 미얀마에 돈 필요한 사람들이 엄청 많아요. 군부랑 싸우고 있는 사람들과 피난민들은 생필품, 의료품 같은 것들이 많이 필요해요. 때로는 군부가 집을 불태우고 집에 있는 먹을 거랑 돈, 쌀, 금 다 마음대로 가져가거든요. 그래서 한 마을에 군인이 들어가면 거기 못 살아요. 여권이나 신분증 같은 서류도 못 챙기고 빨리 도망가야 돼요.
주로 태국으로 도망가는데, 잡혔을 때 감옥에 들어가면 다행이지만 요즘은 죽여버리는 일이 엄청 많아요. 남자들 보면 때리고 죽이는 일이 많고 여자들도 잡아서 나쁜 일을 많이 해요. 민주화 운동하는 사람이 아닌, 가만히 있는 사람들에게 그렇게 하는 거예요.

해온   그럼 그분들은 MFDMC(미얀마연방민주주의 승리연합)의 지원에 의존하고 있는 건가요?

조산   그렇죠. 근데 그거 말고도 NUG(미얀마 국민통합 정부)라는 단체도 도와줘요. 한국에도 부평에 사무실이 있어요. 군사 쿠데타 반대하는 사람들이에요. 한국도 주기적으로 대통령 뽑고 국회의원도 뽑잖아요. 이 사람들도 군사 쿠데타 전에는 우리가 뽑았던 사람들이었어요. 그런데 군사 쿠데타 후, 그 사람들이 민주주의를 위해서 이 단체를 만든 거예요.

해온   한국분들도 돕는 분들이 있다고 들었습니다. 어떤 분들이고 어떤 도움을 주고 계신가요?

조산   박영하 선생님께서 이끄시는 '미얀마돕기시민모임'이라는 단체에서 많이 도와줘요. 모금도 해주시고 집회할 때 신고도 도와주세요. 저번에 한 영화제도 박영하 선생님께서 시청에서 허락 구해서 할 수 있었던 거예요.

박영하 선생님은 내가 미얀마 민주화 영화제의 행사 요원으로 참여할 수 있게 이끌어주신 분이다. 대가 없는 봉사를 많이 해오신 것은 알고 있었지만 외국인들의 어려운 처지를 돕는 활동까지 하고 계신다는 것에 감동을 받았다.

해온   그분들과 활동하면서 기억에 남는 일이 있나요?

조산   저번에 서울 신림동에서 저희 MFDMC랑 같이 미얀마 음악 콘서트를 했어요. 미얀마와 한국의 노래도 부르고 춤도 추면서 두 나라의 문화를 즐기는 축제였어요.

해온   앞으로 한국사람들이 더 해줬으면 하는 것들이 있나요?

조산   일반적인 한국사람들보다는 정부가 더 도와줬으면 좋겠어요. 지난 정부로부터는 도움을 많이 받았어요. 집회 신고할 때 어렵지 않았어요. 하지만 요즘은 아주 힘들어요. 취업비자를 따는 것도 어려워져서 저뿐만 아니라 주변 친구들도 취업이 안 되는 상태예요. 전반적으로 전 정부에 비해 지원이 많이 줄어들었어요.
지난 3월에는 외교부에서 미얀마대사관 사람들을 초대해서 같이 식사를 했어요. 문제는 미얀마대사관 사람들이 군부의 편이라는 거예요. 그 사람들이 한국에서 민주화 운동을 하는 미얀마 사람들의 신상을 캐서 군부 쪽에 넘기고 있어요. 분명 미얀마의 민주화를 도와주겠다고 말했으면서 군부 편에 있는 사람들과 친하게 지내는 게 화가 나요.

미얀마 군부는 쿠데타 이후 자국민 학살, 고문, 체포와 사형 등 전쟁범죄를 저질러왔다. 당연히 국제사회는 무기 수출 금지 및 경제제재 등으로 미얀마의 독재를 지탄했다. 우리나라도 이에 동참하여 미얀마에 공식적으로 무기 수출을 중단한 상태였으나 2022년 3월, 한국 외교부는 국산 무기 홍보 행사에 미얀마 대사를 초청했다. 이로 인해 우리나라는 미얀마 민주주의를 지지하는 단체 등, 많은 이들로부터 비판을 받았다.

해온   미얀마의 민주화가 언제쯤 이루어질 것이라 예상하시나요?

조산   아직 예상하기 힘들지만 현재 상황대로 잘 간다면 1년에서 2년 사이에는 이루어질 것이라고 생각해요. PDF(People's Defence Force, 시민방위군)

가 승기를 잡고 있고, 군부 쪽은 힘이 많이 빠지고 있는 상태예요. PDF는 전사자가 나와도 계속해서 합류하는 사람들이 있어서 전력이 쉽게 줄어들지 않지만, 군부에서는 도망 나와 시민군 편에 서는 배신자들도 늘어나고 있고, 군인이 되려는 사람도 적어서 PDF가 유리한 양상이에요.

얼마 전에 나온 뉴스에서도 하루에만 백 명 정도가 도망갔다고 하더라고요. 더군다나 옛날에는 다른 소수민족이 군부에 저항할 때 군부가 그쪽에만 군대를 보내서 제압하면 됐었는데 이제 미얀마 사람들이 전국적으로 민족 안 가리고 힘을 합쳐 싸우다 보니 군부가 많이 약해졌어요. 더 피해가 늘지 않게 전쟁이 빨리 끝났으면 좋겠어요.

해온 민주화가 이루어진 후에 미얀마가 풀어야 할 또 다른 문제들이 있을까요?

조산 엄청 많죠. 지금은 민주주의가 급선무이지만 민주화가 돼도 해결해야 할 문제가 많이 있어요. 아시다시피 미얀마는 다민족 국가잖아요. 지금 70년 넘게 민족끼리 싸우는 중이에요. 그래서

그냥 민주주의가 아닌 '연방민주주의'가 이루어
져야 돼요.

연방민주주의는 다민족 국가인 미얀마에서 오래전부터 거론
되어왔다. 하지만 군부의 방해로 현실화되지 못했다. 다행히 현
재 대부분의 민족들이 군부에 맞서 한마음으로 뭉쳐있는 상태
이고 그 결속력으로 연방민주주의 실현을 희망하고 있다.

조산   옛날에는 군부에 속아서 군부가 하는 말만 믿고
다른 민족들의 얘기는 듣지 않았어요. 군부가 그
들의 아이들을 잡아서 죽였다, 집에 들어와 재산
을 가져갔다 등 이런 말들 믿지 않았죠. 군부가
그럴 리 없다고 생각했고 민족사람들이 거짓말
을 하는 것이라고 생각했어요.
  때로 민족사람들이 군부에 저항해서 들고일어
나면 골치 아프고 무모한 반란이라 생각할 정도
였어요. 정확히 어떤 일이 일어나고 있고 그들이
어떤 정황으로, 어떤 입장으로 군부에 저항하는
지 알 수 없었어요. 뉴스에서 나오는 거라곤 군
부의 거짓말과 선동뿐이었거든요. 민족사람들

입장에서는 그들을 싫어하고 도움을 거부하는 버마족에게 증오를 느낄 수밖에 없죠.

하루빨리 연방민주주의가 이루어져서 민족 간에 화해가 이루어졌으면 좋겠어요. 그리고 전쟁이 끝난 후 미얀마 사람들에게 퍼져있는 무기들을 해결할 필요가 있어요. 어떤 사람이 얼마나 가지고 있는지, 그것들을 어떻게 회수할 것인지에 대해서요.

해온 민주화가 된 이후 미얀마로 돌아가실 예정인가요?

조산 한국 정부가 계속 있게 해준다면 한국에 남을 것 같아요. 다만 전처럼 편하게 사는 것이 아니라 미얀마에서 전쟁으로 인해 피해 입은 사람들과 의료, 교육 지원이 부족한 사람들을 위한 모금은 멈추지 않을 거예요.

현재 다른 나라들로부터 받고 있는 지원도 계속됐으면 좋겠고요. 한국이 휴전 이후 나라가 다시 서기까지 수많은 시간과 지원이 필요했던 것처럼 미얀마도 그렇게 회복했으면 좋겠어요.

해온   미얀마에 가고 싶어하는 사람들, 갈 사람들에게
        미얀마에 대해 소개해주세요. 어떤 아름다운 곳
        이 있는지, 어떤 점이 매력적인지요?

조산   지금은 위험하지만, 민주화가 되면 꼭 한 번은
        가봤으면 좋겠어요.
        일단 사람들이 무척 친절해요. 모르는 사람들과
        낯선 사람들에게 도움을 아끼지 않고 잘 대우해
        줘요. 집에 초대해서 식사를 대접하기도 해요.
        이런 것만으로도 미얀마는 한 번만 갔다 와도
        계속 생각나는 나라가 될 수 있다고 생각해요.
        추천하는 여행지는 인레 호수예요. 수상마을이
        있어서 물 위에서 배 타며 생활하는 사람들을
        볼 수 있어요. 노을이 물에 반사되어 보이는 풍
        경도 아름다워요.

해온   마지막으로 이 책을 읽을 사람들에게 더 하고
        싶은 말이 있나요?

조산   그저 많이 도와달라는 말뿐이에요. 한국 역사
        를 보면 미얀마의 역사와 비슷한 점이 있어요.
        1980년에 광주에서 민주화 운동이 일어났듯이,

미얀마도 1988년 8월 8일에 8888항쟁이 일어 났어요. 하지만 한국은 민주화를 이뤄낸 반면 미 얀마는 아직도 고통받고 싸우는 중이에요.

한국이 그랬던 것처럼 지금 싸우고 있는 대다수 가 학생들이거든요. 공부해서 학위를 따고 원하 는 곳에서 일하는 대신에 나라의 민주화를 위해 총을 들고 싸우고 있어요. 민주화가 빨리 이루어 져서 학생들이 학교로 돌아갈 수 있으면 좋겠어 요.

한국을 포함한 다른 나라에 있는 미얀마 사람들 은 안전하니까 원하면 혼자 잘 살 수 있지만, 우 리의 미래, 아이들의 미래, 그리고 조국의 미래 를 위해서 싸우는 거예요. 그래서 이렇게 쉬지 않고 모금하고 집회 나가면서 한국사람들에게 알리고 있는 거고요. 한국분들이 관심을 가져주 고 미얀마를 도와주면 정말 감사할 것 같아요.

두 번째 대화

조모아

Zaw Moe Aung

"당장 내일, 민주화가 이뤄질 거라 믿어요"

1:30(PN

두 번째 대화
조모아
Zaw Moe Aung, 1974년생

우리나라에서 30년 가까이 산 조모아 씨. 그는 여러 단체의 대표를 맡아 민주화 운동을 다각도로 해왔다. 바쁠 수밖에 없다. 인터뷰 때 이따금 시계를 들여다보며 시간이 많지 않음을 은근히 내비쳤다.

첫 인터뷰 대상자인 조산 씨 못지않게 한국어 실력은 물론이고 한국역사를 포함, 다양한 분야에 지식이 넘쳐났다.

여러 단체의 리더로서 쌓은 수많은 인터뷰 경험도 도움이 됐다. 두 번째 인터뷰였지만, 아직 긴장이 풀리지 않아 어색한 나의 태도와 질문을, 그는 막힘없는 멋진 답변으로 보완해 주었다.

해온   이 책에 얼굴이 나와도 되나요?

조모아   괜찮아요. 뭐 이런 거 많이 해봤어요.

해온   무슨 일을 하시나요?

조모아   미얀마 식당 운영과 휴대폰 가게, 그리고 미얀마 근로자들에게 통역을 해주거나 또 다른 문제들이 있을 때 도와주고, 사회복지 일도 하고 있어요. MFDMC와 한국 미얀마연대에서 대표를 맡고 있어요.

해온   한국에 언제, 어떤 계기로 오게 되셨나요?

조모아   1994년 8월 24일 아침 6시 김포공항 도착. 산업 연수생으로 왔어요. 그리고 1999년에 한국에서 민주화 운동을 하기 시작했고 2000년에 정치적 난민신청을 했어요.

　　이렇게나 상세할 수가. 이런 질문들을 지겹도록 들어봤다는 표정이었다.

해온 미얀마에 계실 때, 한국에 대한 이미지는 어땠나
요?

조모아 한국에 대해 아는 것은 박정희 전 대통령의 쿠
데타, 김대중 전 대통령의 민주화 운동, 그리고
아시아에서 발전된 나라라는 정도만 알고 있었
어요.

해온 많은 나라 중에 한국을 선택하시게 된 이유는
무엇인가요?

조모아 서양 쪽보다는 아시아를 좋아하기도 하고 한국
은 특히 민주화를 이룬 나라이기 때문에 더 관
심이 있었고, 미얀마를 위해 민주화 운동을 할
때 자유롭고 안전하게 할 수 있다고 생각했어요.

해온 한국과 미얀마를 비교했을 때 어떤 점이 비슷한
가요?

조모아 한국은 유교 문화를 가지고 있고 미얀마는 불교
문화의 영향이 강하지만 한국도 옛날에는 불교
가 국교였잖아요. 그래서 문화적으로 비슷한 것

이 있고 쿠데타 군부에 맞서 민주화운동을 했다
는 것과 노벨평화상 수상자와 UN사무총장을 한
명씩 배출했다는 것도 같아요.

아웅산 수찌 여사가 노벨평화상을 받았다는 사실은 알고 있
었지만, 미얀마인으로서 UN사무총장을 지낸 분이 있다는 것
은 처음 들었다. 나중에 찾아보니, 우 탄트(1909~1974)라는 분이
1961년부터 10년 동안 UN사무총장을 지냈다는 것을 알게 되었
다.

해온　　　한국에 처음 오셨을 때 적응하기 힘들었던 것은
　　　　　무엇이었나요?

조모아　　　언어와 음식이에요. 처음 왔을 때 소통이 잘 안
　　　　　돼서 한국어를 혼자서 많이 공부했죠. 음식 같
　　　　　은 경우에는, 맵고 짠 것은 미얀마와 크게 다르
　　　　　지 않지만 김치나 된장 같은 발효식품에 적응하
　　　　　기 힘들었어요. 지금은 다 잘 먹어요. 홍어도 먹
　　　　　어요.

해온   한국의 역사에 대해서는 얼마나 알고 계시나요?

조모아   많이 알죠. 미얀마에서 민주화 운동을 하다 보니
            까 한국의 민주화 운동에 대해 공부를 많이 했
            고, 한국 절에 가서 5년 동안 생활하면서 한국의
            대승불교에 대해서도 공부를 했어요.

해온   미얀마는 어떤 나라인가요?

조모아   불교의 나라예요. 특히 상좌부 불교의 영향이고
            탑도 많아요. 그리고 쿠데타에 맞서서 아웅산 수
            찌와 함께 민주화를 위해 싸우고 있는 나라예요.
            한국의 김대중을 모두가 알듯이 미얀마에서 아
            웅산 수찌를 얘기하면 다 알죠.

해온   김대중 전 대통령을 잘 아시는 것 같아요.

조모아   잘 알죠. 정말 존경하는 분이고 우리의 스승으로
            생각하고 민주화 쪽에서는 선배이기도 해요. 실
            제로 민주화 운동하면서 몇 번 뵙기도 했어요.
            돌아가시기 전에 연세대 병원에 병문안을 가기
            도 했어요. 참 훌륭한 분이에요.

해온   이제 개인적인 얘기로 넘어갈게요. 고향이 어디인가요?

조모아   어릴 때 이리저리 이사를 많이 다녔는데 마지막에 살았던 곳이면서 학교 다녔던 곳이 양곤이에요. 민주화 운동하면서 대학교까지 다니기 힘들었기 때문에 고등학교 졸업하고 바로 한국에 왔어요.

해온   대학교에 가기 어려운 이유가 무엇인가요?

조모아   군부가 민주화 운동을 막으려는 거예요. 고등학교까지는 한 지역에 있는 친구들만 만날 수 있지만 대학교 가면 전국에서 온 친구들을 만나잖아요. 다양한 곳에서 다양한 생각을 가지고 온 학생들과 같이 공부하는 곳이고요. 게다가 고등학교와 달리 친구들끼리 만나면 정치 얘기를 많이 하게 돼요. 정부에 대한 평가나 나라 상황 같은 것들을 얘기하다 보면 어떤 일이든 일어날수 있으니, 군부 입장에선 미얀마 사람들이 대학교에 가는 것을 막는 거예요.
그래서 대학 합격률이 거의 5%밖에 안 되고, 한

국처럼 가기 편한 곳에 대학을 세워주는 게 아니라 일부 도시에만 2개 이하 정도로 아주 적게 세워주고, 위치도 접근성이 아주 안 좋은 곳에 있는 경우가 대부분이에요.

생각해보면 미얀마뿐만 아니라 어느 나라든 정부에 맞서 목소리를 내는 주된 이들은 학생과 교수 같은 지식인이잖아요. 군부는 그게 두려운 거죠.

해온   가족에 대한 얘기를 해주세요.

조모아   한국에서 2009년에 결혼해서 아들 두 명과 부천에서 살고 있어요.

그는 휴대폰으로 자신의 결혼식 기사를 찾아 보여줬다. (여러 단체 대표 활동을 오래 해 와서 인터넷에는 그에 대한 기사가 많았다) 기자들을 비롯해 이름 있는 인사들이 많이 참여했다는 결혼식 사진 속에 젊은 그가 있었다. 인터뷰하면서 표정 변화가 거의 없는 그의 얼굴이 독특하다고 생각했는데, 사진 속의 젊은 그도 같은 표정을 하고 있었다. 기사에는 그의 결혼 스토리가 나와 있었다. 그의 표정처럼 독특하면서도 담백하다.

'아들이 민주화 투쟁을 하며 혼기를 놓친 것을 걱정한' 그의 어머니가 미얀마에 살고 있던 친구의 딸에게 제안해 성사된 결혼이라는 것.

해온　　　어릴 때는 어떤 아이였나요?

조모아　　　나는 5살 때부터 큰아버지의 손에 컸어요. 그래서 부모님의 따뜻함이나 형제와의 정 같은 것들에 잘 공감을 못 해요. 그래서 사이가 좋고 잘 지내는 가족들, 자식들에게 잘해주는 부모님 보면 마음이 아파요.

해온　　　학창시절에 대해 말씀해주세요.

조모아　　　한국은 학교 다니는 기간이 633(초등 6년, 중학 3년, 고등 3년)이지만 미얀마는 542예요. 그리고 미얀마는 다음 학기로 올라가기 위해 시험을 보는 제도가 있는데, 시험에 떨어지면 합격할 때까지 같은 과정을 다시 공부해야 해요. 그래서 고등학교만 10년 넘게 다니는 사람도 많아요. 그렇다 보니 한국처럼 한두 살 차이가 아니라 다양한 나이의 학생들이 학교를 다니는 거죠. 제 선배 중에는 엄마와 나이가 같은 사람도 있었어요. 내가 고등학교 합격한 뒤, 합격한 친구들은 중학교에 몇 년 더 남기도 하고 그랬어요. 저도 시험 여러 번 봤어요.

미얀마는 유명한 학교가 아니면 학교 시설이 좋지 않고 교과서도 모자란 경우가 많아요. 마치 한국의 1960년대처럼요. 공부하기 좋은 환경도 아니다 보니 글만 읽을 줄 알면 그냥 학교를 그만두고 아이스크림을 판매하거나 농사를 짓는 사람들이 많아요. 얘기한 것처럼 대학교에 가기도 어렵고, 나와봤자 한국처럼 파워가 있는 게 아니기 때문에 학생들이 대체로 대학진학에 관심이 없어요. 졸업하기도 어렵고 대학교 가는 것도 어려워서 공부를 하는 사람이 적어지니까 정치에 관심을 가지는 사람들도 줄어들죠. 민주화 운동이 일어나기가 쉬운 곳이 아니었어요.

해온   장래희망이 무엇이었나요?

조모아   군인들은 미얀마 사람들에게 선망의 대상이었어요. 그래서 저도 군인이 되고 싶다는 생각을 했었지만, 민주화 운동을 하면서 그들이 시민을 괴롭히는 등 실상을 알게 된 후, 뭔가 되고 싶은 마음도 없어지고, 뭔가 되기 위해 애쓰는 것도 좋아하지 않게 됐어요. 애초에 꿈꾸는 것이 자유롭지 않았기 때문이죠. 한국에 와서 한국인들이 민주주의 국가에서 자유롭게 다니며 공부하는 모습을 보고 우리나라도 그렇게 됐으면 하는 희망을 갖게 됐죠.

해온 좋아하는 음악이나 영화, 책이 있나요?

조모아 미얀마에서 책은 잘 보지 못했어요. 한국 와서도 아침에 일어나서 공장 가고, 밤에는 잔업 하면서, 그렇게 먹고 사는 데만 신경 썼으니까 책 볼 시간이 없었고요. TV에서 하는 한국 드라마와 영화들은 좋아했어요. <그때 그 사람들>도 좋아했고 <전국노래자랑>은 즐겨보는 프로그램이었고요.

해온 어떤 지역에서 어떤 일을 하셨나요?

조모아 처음에는 논산에서 전구를 가는 일을 했어요. 안

양과 청량리에서도 일하고 부천, 용인 등 이리저리 옮겨 다니면서 살았어요.

해온   74년생이면 50세이신데, 경험이 굉장히 많으실 것 같아요. 지금까지의 삶을 되돌아봤을 때 후회하시거나 아쉽게 생각되는 점이 있나요?

조모아   후회는 없어요. 1999년부터 한국에서 민주화 운동을 하면서 공장 일을 안 했어요. 그래서 한국에 왔으면서 왜 돈을 안 버느냐고 하면서 답답하게 보는 친구들이 있었고요. 하지만 절대 후회는 안 해요. 한국같이 미얀마 민주화에 관심을 많이 가져주는 나라에서 민주화 운동하면서 국회의원들 만나뵙고 인터넷 기사에도 많이 실리고 하다 보니 행복할지언정 후회는 없어요.

해온   미얀마의 현재 상황을 설명해 주세요.

조모아   지금은 내가 미얀마에 가보지 못하지만 옛날 군부독재랑 비슷한 것 같아요. 오히려 더 심해진 것 같아요. 내전이 일어났다는 사실 자체가 국민이 굉장히 분노했다는 것을 말해주죠.

왜 민주화 운동을 하게 됐냐면, 우리 시대에는 군부독재가 당연했기 때문에 자유나 민주주의에 대해서 잘 몰랐어요. 한국은 망고 재배를 안 하는 나라니까 수입되기 전에는 망고가 뭔지, 맛이 어떤지 몰랐던 것처럼요.

하지만 2015년부터 2020년까지 아웅산 수찌 당이 집권하면서 자유에 대해서 비로소 알게 된 거예요. 해외에서 투자와 공장이 많이 들어오고 청년들도 돈을 버는 것에 관심을 가지면서 꿈이 생기고, 그런데 이렇게 다시 군부독재로 돌아가니까 자유를 경험한 미얀마 국민들이 화가 나는 거예요. 망고를 빼앗긴 것과 같은 거죠.

이번 쿠데타와 민주화 운동은 그전과는 다르게 국민들이 민주주의의 가치와 의미를 알고 있기 때문에 이렇게 끈질기게 맞서는 거고요, 한국의 6월 민주항쟁처럼 민주주의로 가는 마지막 노력이 될 것이라 믿고 있어요.

해온 MFDMC(미얀마연방민주주의승리연합)의 대표이신데요, MFDMC에서 구체적으로 어떤 일을 하시나요?

조모아   미얀마는 자원이 많기 때문에 일만 잘하면 빨리 개발되는 나라니까 한국처럼 개발되고 싶다는 생각이 있어요. 군부만 없으면 잘 살 수 있어요. 그래서 미얀마 사람들이 한국에서 버는 돈의 일부를 민주화를 위해서 힘쓰는 단체인 MFDMC에 후원을 하는 거죠.

그렇게 모인 돈은 한 푼도 빠짐없이 미얀마를 위해서만 써요. 저도 대표지만 한 푼도 따로 써 본 적이 없어요. 차로 어디 갈 때 기름값도 내 돈으로 내서 한 달에 100만 원 정도 나가요.

조모아 씨 일 중의 하나가 미얀마 동지들을 위해 운전기사를 자청하는 일이다. 거의 매일 하다 보니 한국에서 안 가본 데가 없을 정도라고 한다. 부산은 일주일에도 서너 번 가기에 부산행 고속도로는 눈 감고도 갈 정도라고. 인터뷰 전에도 전라도에서 올라온 참이었다는데, 인터뷰 끝난 후에 또 누군가의 운전기사로 뛰어야 된다고 했다.

해온   한국인들이 미얀마의 민주화 운동에 참여하거나 또 다른 방식으로 도와주는 것이 있나요?

조모아   시민단체들이 우리가 부탁하면 도와주긴 하는
데 적극적으로 도와주는 단체는 없어요. 김대중
대통령은 정말 적극적이셨어요. 한국뿐만 아니
라 다른 나라에 가서 연설할 때도 미얀마의 민
주화에 대해서 관심 가져달라고 얘기해 주시기
도 했어요. 민주화 운동을 하셨던 분이니까요.

해온   특히 관심을 가져주는 나라가 있을까요? 옆 나
라인 태국은 어떤가요?

조모아   동남아시아 국가들은 도움이 안 돼요. 자기네들
도 독재자들이 있기 때문에 끼리끼리 노는 거죠.
도움이 되는 쪽은 미국 같은 서양 쪽이에요. 한
국도 지원을 많이 해주는 편이었지만 많이 줄었
고요. 아시아에서 서로 도와주는 평화로운 분위
기가 되기 위해서는 독재자가 없어져야 돼요.

해온   미얀마의 민주화가 언제쯤 이루어질 것이라고
생각하나요?

조모아   그렇게 물어보면 저는 내일도 할 수 있을 거라
대답해요. 내일이요. 내일 당장 이루어질 거라고

희망을 가지는 거예요. 멀지 않아요. 누구든 저에게 그 질문을 하면 저는 그저 한마디만 해요. 내일 이루어진다고.

해온 민주화를 위한 앞으로의 좀, 다른 계획이 있나요?

조모아 미얀마의 민주화에 대해서 내가 할 수 있는 일이면 무엇이든지 무조건 할 거예요.

해온 민주화가 된 후에 미얀마로 돌아가실 예정인가요?

조모아 자녀들이 대학에 진학하기 전까지는 한국에 있어야 해요. 한국에서 태어나고 자란 아이들이라 한국어와 한국 생활에 익숙하기 때문에 미얀마로 돌아가면 적응을 잘하지 못할 거예요.
저는 30년 동안 산 한국이 저의 고향이라고 생각해요. 정도 있고 흥이 있고. 그래서 떠나고 싶은 마음이 없는 면도 있어요. 다만 미얀마에 대해서 도와줄 일이 있으면 해야죠. 민주화가 되면 우리나라에 도움될 수 있는 일이 있으면 도와주면서 편하게 살고 싶은 마음뿐이에요.

해온 한국에 오신 후에 미얀마에 간 적이 있으신가
요?

조모아 전에 한번 일도 있고 어머니도 뵐 겸 가봤는데
아는 사람이 별로 없더라고요. (웃음) 한국은 여
기저기 인사하고 아는 사람도 많은데 말이죠. 씁
쓸하더라고요.

해온 한국인들에게 추천해줄 만한 미얀마의 아름다
운 곳 좀 소개해주세요.

조모아 한국 사람들이 많이 알아요. 인터넷이랑 TV에
다 나오니까요. 많이들 가는 여행지인 바간, 양
곤, 인레 호수 등 다 좋은 곳이에요.
한국 사람들하고 미얀마에 한 번 여행을 가본
적이 있어요. 양곤에 갔을 때, 한국 사람들에게
그곳의 음식이 잘 안 맞는 것 같다는 생각이 들
었어요. 하지만 샨주라는 곳은 한국하고 음식이
비슷해요. 거기는 인레 호수가 있는 지역이기 때
문에 한국 사람들이 좋아할 만한 여행지예요. 그
래서 개인적으로 샨주를 추천해요.

해온　　　마지막으로 하고 싶은 말씀 있으신가요?

조모아　　　내가 맨날 하는 말이에요. 아시아에 같이 사는 나라로서 서로 도와주면서 살면 좋잖아요. 내가 잘살고 있다고 무시하지 말고, 잘 사니까 못 사는 나라를 도와줬으면 좋겠어요. 그것밖에 없어요. 그렇게 다 같이 인간답고 평화롭게 살 수 있으면 좋겠어요. 한국이 가난할 때 여기저기서 도움을 많이 받고 선진국이 된 것처럼 말이에요.

세 번째 대화

아웅묘우
Ayng My Oo

"민주화를 위해 이 책의 일원이 되고 싶어요"

세 번째 대화
아웅묘우
Ayng My Oo, 1996년생

조모아 씨로부터 두 분을 소개받았다. 먼저 연락이 된 아웅묘우 씨는 경상남도 창원시에 살고 있었다. 처음 가보는 도시였기에 출장 겸 여행이라 생각하고 설레는 마음으로 고속버스 티켓을 끊었다. 아웅묘우 씨를 만난 곳은 창원역 근처 한 노동복지센터였다. 그는 모든 이야기를 순박한 웃음으로 재미있게, 솔직하게 풀어내는 사람이었다. 인터뷰 후에도 각별히 친분을 쌓고 싶을 정도로 호감이 갔다.

해온 지금 하고 있는 일이 무엇인가요?

아웅묘우 공장에서 레이저로 철판을 자르고 접는 일을 해요. 경남 미얀마교민회의 부회장으로서, 통역과 퇴직금 처리 같은, 이주노동자들을 도와주는 일도 하고 있고요.

해온 한국엔 언제 오셨나요?

아웅묘우 2018년 6월에 왔으니까 5년 4개월 정도 됐어요. 비자 얻으려면 시험을 봐야 해서 1년 정도 시험을 보았고 그 뒤 6개월 정도 기다렸어요. 원래는 3년 걸리는데 1년 6개월 만에 올 수 있었어요. 시험 칠 때 3만 명 정도가 보았고, 그 중 3천 명만 뽑는데 그때는 고용할 사람이 많이 필요했던 것 같아요. 그래서 합격률이 올라가는 바람에 빨리 올 수 있었어요. 저보다 일찍 온 사람도 있어요.

해온 미얀마 사람들이 태국, 싱가포르, 일본 등 다른 나라에도 많이 간다고 하는데, 아웅묘우 씨는 한국을 선택하셨어요. 특별한 이유가 있나요?

아웅묘우 한국이 돈도 많이 주고 기회도 많은 것 같아서
요. 과거에는 한국이 그렇게 인기가 많지 않았
어요. 그런데 지금은 오고 싶어하는 사람들이 너
무 많아요. 월급을 200만 원을 받는다고 가정하
면 미얀마에서는 400만 원 넘는 정도의 가치예
요. 그래서 한국에서 한 달 일하면 미얀마에서
한 가족이 6개월 정도는 충분하게 먹고사는 거
죠. 미얀마에서 일하면 겨우 50만 원밖에 못 받
아요. 그래서 한국같이 급여가 높은 나라에 일하
러 가는 거죠.

해온 가족 중에 아웅묘우 씨만 오신 건가요?

아웅묘우 네, 제가 장남이라서요.

해온 한국에 오기 전과 비교해서, 온 후의 달라진 이
미지가 있나요?

아웅묘우 사람들이 유튜브나 페이스북에 예쁜 장소 같은
한국 사진 많이 올리잖아요. 한국 드라마에도 고
급지고 멋진 사람들과 건물들이 나오고요. 그래
서 친구들이 저보고 한국 가면 되게 재밌게 살

수 있겠다고 했고 저도 기대했거든요. 근데 처음 와서 한 일이 시끄럽고 먼지 많은 공장에서 장갑, 마스크 같은 거 끼고 일하는 거다보니 힘들었어요. 지금은 익숙해졌어요.

실제로 그의 콧잔등에는 마스크인지 고글인지 모를 장비의 자국이 남아있었다.

해온　　　그러면 서울 같은 곳에 관광은 안 가셨나요?

아웅묘우　　관광은 부산 광안리에서 케이블카 타본 게 전부예요. 시간이 없거든요. 내일도 여기 센터로 와서 교민회장 회의 참석해야 해요. 회장님이랑영화도 봐야 되고요.

〈어른 김장하〉라는 다큐멘터리 영화를 본다고 했다. 영화가 대단히 화제라는 것, 좋은 평가를 받고 있다는 것은 알고 있었지만 보지 않았기에 더 묻지는 않았다. 그때는 몰랐다. 그 작품에 출연한 사람을 나중에 인터뷰 대상자로 만나게 되리라는 것을.

해온   한국에 살면서 아웅묘우 씨께서 느끼신 미얀마와의 공통점과 차이점을 얘기해 주세요.

아웅묘우   한국은 미얀마보다 기술이 무척 발전했어요. 음식도 요리방법이 다르고요. 그리고 한국 사람들은 미얀마 사람들보다 키가 커요. 길거리에 쓰레기를 안 버리는 등 규칙을 잘 지키는 거 같아요. 한국 사람들이 95% 정도 지킨다면 미얀마 사람들은 40%에서 50%밖에 안 지켜요. 반면 식사예절 같은 문화는 비슷한 것 같아요.

해온   처음 오셨을 때 적응하기 힘들었던 것은 무엇인가요?

아웅묘우   말이 안 통해서 힘들었죠. 스리랑카에서 온 선배들이 많이 도와주시기 했는데, 사장님들이 너무 빨리 말해서 알아듣기 어려웠어요. 그리고 쿠팡이나 카카오톡도 제가 외국인이니까 가입하고 로그인하는 데 어려움이 있었고요. 지금은 다 괜찮아요.

해온   한국의 역사는 어느 정도 아시나요?

아웅묘우   잘은 모르지만 여기저기 활동하다 보니 박정희
가 쿠데타와 독재를 했었다는 건 알게 됐어요.
근데 어떤 사람들은 그게 쿠데타가 아니었다고
말하더라고요. 좋은 사람이라고. 그래서 '내가
잘못 배웠나?' 하며 혼란스럽기도 해요. 그리고
한국도 일제강점기가 있었고 북한과 전쟁도 했
다고 들었어요.

해온   미얀마에 대해서 소개해주세요.

아웅묘우   평화롭고 사람들도 친절하고 관광지도 많아서
놀러 오면 좋은 곳이에요. 근데 지금은 아니죠.
위험하니까요. 수도권은 안전하지만 북쪽은 굉
장히 내전이 심해서 가지 않는 게 좋아요. 그쪽
에 사는 미얀마인들도 3만에서 5만 명 정도 전
쟁을 피해 도망치면서 숲 속에서 살아요.

해온   아웅묘우 씨의 고향은 어디인가요?

아웅묘우   바고라는 곳이에요.

해온   어릴 때 이야기를 해주세요.

아웅묘우 형제는 여동생 한 명과 남동생 두 명이 있어요. 그런데 아버지가 도박에 빠지셔서 그 빚을 갚느라 집이 넉넉하지 않았기 때문에 초등학교와 중학교에 다닐 때 불교 신자이신 조부모님과 같이 살았어요.

제가 술이나 담배 같은 것도 안 하고 효도하니까 조부모님과 주변 사람들한테 착하다는 말을 많이 듣는 편이었어요. 할아버지가 규칙에 엄격한 분이셔서 친구들과 어울려서 여기저기 돌아다니며 놀지 못하고 대신 공부를 많이 해서 초중학교 때 반에서 항상 1등, 2등을 했어요. 고등학교 때는 삼촌과 지내다가 대학교 때는 부모님과 같이 지냈어요.

해온 학교 생활은 재밌었나요?

아웅묘우 그저 공부만 해서 재밌지 않았어요.

해온 기억에 남는 일은 있나요?

아웅묘우 고등학교 때 자전거로 통학을 했는데 돈이 없어서 그 자전거가 아주 낡은 것이었어요. 그래서 하교할 때 친구들에게 보이고 싶지 않아서 학교에서 제일 늦게 나오곤 했거든요.

그런데 어느 날 친한 여자애가 제 자전거를 보게 돼서 되게 창피했던 기억이 있어요. 그 아이가 우리 반에서 가장 예쁜 아이였거든요. 그래서 집에 돌아와서 엄마에게 투정을 했는데 도리어 혼만 났어요. (웃음)

해온   어릴 때는 커서 무엇이 되고 싶었나요?

아웅묘우   버스 운전기사가 되고 싶었어요. 운전하는 게 재밌었거든요. 근데 지금은 수입이 적어 보여서 하고 싶진 않아요.

해온   좋아하는 음악이나 영화, 책이 있나요?

아웅묘우   어렸을 때 <대장금>이라는 드라마를 봤어요. 집에 TV가 없었기 때문에 일주일에 두 번 방영하는 시간에 맞춰서 TV가 있는 집에 가서 봤어요. 노래는 홍진영 가수님이 부른 '산다는 건'을 좋아해요.

해온   한국 나이로 올해 28살이신데, 지금까지 살면서 후회하는 것이라든가 아쉽게 생각하는 것이 있을까요?

아웅묘우   한국 와서 4년 반 정도, 아침 9시 반에 출근해서 일하고 밤에는 가족이랑 전화하고 공부하고...이런 일상을 매일매일 반복했거든요. 혼자 있는 걸 좋아하기도 했고요.
그랬는데 쿠데타 이후, 이런 센터에 와서 회의도 하고 집회도 하는 등 할 일이 굉장히 많아져서, 예전보다 저에게 할애할 시간이 적어진 거예요. 그래서 자기계발 같은 것을 할 여유가 없어서 그게 좀 아쉬워요.

지극히 사적인 이야기들.
아웅묘우 씨는 쉽게 털어놓을 수 없는 이야기들을 멋쩍은 웃음을 지으며 담담히 말해주었다. 그와의 대화를 통해 대화의 감동은 재미나 의미보다 솔직함이라는 것을 알게 되었다. 그 솔직한 이야기에 빠져들다 보니 인터뷰 중이라는 생각을 잠깐 잊기도 했다.

해온   경남 미얀마교민회의 부회장으로서 하시는 일
이 많다고 하셨는데 한국인들과도 함께 하시는
지요?

아웅묘우   저번에 창원역 앞에서 집회했을 때도 '정의당 경
남도당'에서도 참여해줬고 '경남기후위기비상행
동'에서도 찾아와줬어요. 이외에도 이름은 기억
못 하지만 많은 단체와 사람들이 도와줘요. 피켓
들고 서 있는 저희에게 와서 고생한다며 빵이나
음료수를 쥐여주시는 분들도 많아요.

해온   미얀마의 민주화를 위해 앞으로 계획하는 일에
대해 말씀해주세요.

아웅묘우   지금 하는 것처럼 할 거 같아요. 만족하는 것은
없지만 그렇다고 하고 싶은 일도 없어요.

해온   민주화 이후, 미얀마에서 해결되어야 할 중요한
문제들은 무엇이 있을까요?

아웅묘우   소수민족과의 통합이 제일 큰 문제죠. 민족이 굉
장히 다양해서 의견 조율이 쉽지 않아요. 자기

민족이 살고 있는 지역은 자기들끼리 운영하고 싶어하기 때문이에요.

해온 민주화가 이루어지면 미얀마로 돌아가실 계획인가요?

아웅묘우 저는 한국에 있는 게 편해요. 부모님도 한국 와서 살면 좋겠지만 고향이 편하신 거 같아요. 그래도 저는 옆에 친한 사람이 없어도 잘 살 수 있어요. 그리고 하고 싶은 사업이 있기 때문에 한국에서 계속 돈 벌며 살고 싶어요. 제가 사장이 돼서 사람들 고용하고 일 시켜보고 싶어요.

해온 마지막으로 하고 싶으신 말씀은?

아웅묘우 제가 이 책에 나와서 미얀마의 민주화에 도움이 됐으면 좋겠어요. 이런 일을 해주셔서 감사드리고요.

네 번째 대화

네옴
Naing Aung

"미리 막지 않으면 비극은 곧 나에게 올 거예요"

그를 만났을 때, 얼굴보다 손에 시선이 갔다. 양손에 인터뷰를 위해 준비한 자료들이 가득 들려있었다. 그의 말도 손에 든 자료처럼 넘쳐났다. 하나를 물어보면 열을 대답해주는 열정맨이었다. 답변이 긴 만큼 새로운 이야기, 마음에 남는 이야기가 많았다. 경남 김해까지 4시간 넘게 걸려 찾아간 시간이 헛되지 않았다. 제한된 인터뷰 시간 때문에 그의 이야기를 충분히 들을 수 없었던 게 안타까웠다.

해온   경남미얀마교민회 회장이라고 하셨는데 어떤
        활동을 하는 단체인지 궁금해요.

네옴   정기적으로 하는 것은 각종 미얀마 축제와 불교
        행사를 1년에 3회 정도 개최해요. 자치활동, 교
        민회 총회, 체육대회와 문화 교육 등 경남이주민
        센터와 연계해서 활동해요.
        이주노동자들과 유학생들을 위해서 통역과 인
        권상담도 해줘요. 그리고 그들이 겪는 여러 가지
        법적인 문제들도 해결해 주고 있어요. 저도 한국
        처음 왔을 때 어렵고 힘들었던 일들이 있었기
        때문에, 그때의 저처럼 적응을 못 하는 사람들을
        도와줘야겠다는 생각을 했거든요.
        저희가 도와주는 유학생들이 부산대학교에서
        좋은 성적을 내니까 부산대학교 총장님이 좋아
        하세요. 그리고 모금 활동으로 돈을 모아서 미얀
        마에 어려운 일이 있을 때마다 지원해주는 일도
        해요.

해온   부산대학교에 미얀마 학생들이 많나요?

네옴   부산대학교에서 미얀마 유학생들을 위해서 장

학금을 주는 프로그램을 만들었거든요. 그래서 저희가 부산대학교에 유학생들을 많이 보내주고 있어요.

해온　한국에는 언제, 어떤 계기로 오셨나요?

네옴　2012년에 한국에 이주노동자로 왔어요. 처음에는 자동차부품 회사에서 8년 정도 일을 하다가 이 공장으로 옮겨왔어요.

중학생 때 어머니가 돌아가시고 고등학교 때 아버지가 돌아가셨어요. 그래서 큰누나들과 이모가 저를 돌봐줬어요. 대학교 2학년 때, 한국에 이주노동자로 갈 수 있다는 얘기를 듣고 더이상 누나들에게 의지하면서 살고 싶지 않았고, 스스로 돈을 벌고 싶다는 생각을 했어요.

그래서 한국에 가기 위해 대학 생활과 병행해서 준비를 했고, 시험에 합격해서 석 달 후 한국에 올 수 있었어요.

해온　한국에 오신 뒤, 미얀마에 간 적은 없나요?

네옴　한국에서 일하면서 온라인으로 미얀마의 대학

수업을 받았어요. 대학 졸업을 위해서 한 달 동안 미얀마 가서 시험 보고 졸업장 받고 왔어요. 또 이모가 위급하셨을 때 병원 연락을 받고 미얀마에 간 적도 있어요. 제 어머니가 초등학교 때 교통사고를 당하셨기 때문에 오랫동안 병원에 계셨어요. 그래서 어머니가 아닌 이모가 저를 키워주셨어요. 그래서 친엄마보다는 이모가 저에게 더 어머니 같이 느껴져요. 이모는 다행히 살아나셨는데 제가 한국에서 일해서 병원비를 보내지 못했다면 돌아가셨을지도 몰라요. 또 비자 문제 때문에도 갔고, 여러 번 갔다 왔어요.

해온   한국에 계신 지 10년이 넘었는데, 살면서 느끼셨던 미얀마와 한국의 공통점과 차이점을 말해주세요.

네옴   우리나라도 한국과 비슷하게 명절이 있다는 것, 미얀마와 다른 것은 한국은 법의 힘이 아주 강하다는 걸 느꼈어요. 그 법 때문에 한국이 이렇게 발전할 수 있었던 것 같아요. 우리나라는 그렇지 않거든요. 당장 군부만 봐도 헌법을 자기들 맘대로 바꾸잖아요.

실제로 미얀마의 군부는 2008년, 신헌법 개정을 통해 국가 재정 분배에서 '미얀마군에 대한 지원 비율'을 가장 높게 만들었다. 또 군부가 상하원 전체의석의 25%를 차지하게 했고, 헌법개정은 국회의원의 75% 이상 동의 시에만 할 수 있도록 바꾸었다. 그 악법이 2016년, 5년간 들어선 민주정부를 허수아비 정부로 만들었고 이후 군부는 무력한 정부의 빈틈을 노린 끝에 2021년, 다시 쿠데타를 일으켜 독재정권을 세운 것이다.

네옴　　한국은 일을 해서 돈을 벌면 세금을 내야 하고 그 세금으로 나라를 운영하잖아요, 하지만 미얀마는 그런 거, 없는 것 같아요. 세금을 내는 사람이 별로 없어요. 제 생각에는 법 준수의 여부가 두 나라의 발전 수준을 만든 것 같아요.

해온　　한국에 처음 오셨을 때 고생이 많았다고 하셨는데 어떤 것들이 힘들었나요?

네옴　　언어도 힘들었고 외로움을 견디기가 어려웠어요. 공장에 왔을 때 필리핀, 인도네시아에서 먼저 온 사람들과 서로 한국말이 서툴기 때문에 영어로 대화했어요. 그렇게 1년 동안 영어만 쓴 것 같아요.

그리고 한국에 혼자 와서 아는 사람이 없으니까 혼자서 밥해 먹고 물건 사는 것이 난감했어요. 휴대전화가 없으니 가족에게 통화도 못 했고요. 익숙해지기 전에는 너무 외롭고 힘들었어요.

비자 문제도 까다로웠어요. 휴가를 가고 싶어도 그 기간 동안 소득의 공백이 생기기 때문에 나중에 비자를 연장할 때 불허가가 날 수 있어서 마음대로 갈 수가 없어요. 이주노동자들이 무조건 일만 하도록 만드는 것 같아요. 영주권 비자를 받고 싶어도 변호사나 의사 정도의 소득이 있어야 가능해요. 이것은 저희에게 현실적으로 어려운 조건이죠.

해온   한국에서도 미얀마와 비슷한 쿠데타가 있었다는 것을 알고 계시나요?

네옴   영화 <택시 운전사>에서 봤어요. 거기서 나오는 모습과 현재 우리나라에서 올라오는 뉴스들을 보면 대체로 비슷한 거 같아요.

8888항쟁 때는 저희 세대가 겪은 일이 아니니까 그런 일들이 있었구나 싶을 뿐, 마음으로 와

닿진 않았거든요. 그런데 지금 일어나고 있는 끔찍한 소식들을 접하면서 믿기지 않을 정도로 가슴 아프고 충격적이었어요. 더군다나 우리나라는 불교를 믿는 나라인데 총으로 무고한 사람을 죽이고 감금하는 것은 있을 수 없는 일이에요. 미얀마 군대는 미얀마를 지키라고 있는 것 아닌가요?

저도 쿠데타 전에는 그렇게 생각했고 그들이 소수민족들과 내전하고 있다는 뉴스를 볼 때마다 소수민족이 잘못했으니까 군부가 우리를 지켜주는 거라고 굳게 믿고 있었어요. 그들이 그렇게 말했으니까요. 하지만 2021년, 쿠데타와 군부가 우리에게 하는 만행들을 보면서 진실을 알게 됐으니까 충격이 컸죠.

지금은 전국의 여러 민족이 힘을 합쳐서 군부와 싸우고 있고 승산이 커지고 있으니 한국처럼 민주화가 이루어질 수 있을 거라는 희망을 가지고 있어요.

해온　　　어릴 때는 어떠셨나요?

네옴　　　말씀드렸다시피 제가 어릴 때 어머니가 교통사고로 병원에 입원하셔서 이모가 저를 키워주셨 거든요. 그래서 어머니는 남 같이 느껴져요. 이모는 아주 부자였기 때문에 부족함 없이 잘 살았는데, 어머니가 중학교 때 돌아가시면서 형편이 어려워졌고 누나들이 돈을 벌어야 했어요. 그래서 제일 행복했던 때는 초등학교 때였던 것 같아요. 지금까지도 이모는 통화할 때마다 신세 한탄을 많이 하세요.

해온 어렸을 때 되고 싶은 것은 무엇이었나요?

네옴 없었어요. 이모는 제가 그저 공부에만 집중하기를 바라셨어요. 대학교를 다니면서 한국에 올 때까지 되고 싶은 것은 없었고, 지금도 돈을 많이 벌어서 이모와 가족들에게 버팀목이 되고 싶을 뿐이에요.

해온 잘하는 거라든가 좋아하는 것은요?

네옴 도와주는 것을 잘하는 것 같아요. 조카 유학 보내는 데 필요한 것 다 챙겨주었고, 미얀마를 위해서도 필요한 모금 운동하면서 지원해주고, 어려운 사람들을 위해서 봉사하고요. 이주 노동자들을 위해서 상담해주기도 하고요.

봉사가 저한테 맞는 것 같아요. 전 원래 저를 위해서 사는 사람이었어요. 그런데 이제는 제가 도와준 사람이 잘 되면 진짜 기뻐요. '내가 해냈구나', '할 수 있구나'라는 뿌듯함과 자신감이 생기는 것 같아요.

해온 좋아하는 드라마나 영화, 노래는 있나요?

네옴 한국에서 일하면서 대화할 사람이 없었기 때문에 노래를 많이 들었어요. 한국 노래에 빠른 게 많아서 따라 부르다 보니 한국어 공부에 도움이 많이 됐어요.

드라마도 장르 가리지 않고 봤기 때문에 한국 문화와 언어를 배우는 데 큰 도움이 됐어요. 예를 들면 법정 드라마를 봤다면 거기에 나오는 법원의 분위기라든가 법과 관련된 단어들을 알게 되니까 나중에 이주노동자 문제로 법원에 갈때 도움이 됐죠. 병원이나 공장에서 생기는 일과 대처법도 미리 배울 수 있었고요.

한국 드라마의 신선한 활용이었다. 이제껏 인터뷰한 사람들 한국 드라마가 한국에 대한 환상을 갖게 했다는 식으로 이야기 했는데, 네옴 씨는 드라마를 한국에 대한 설명서로 보았고, 그 설명서가 한국에서 생활할 때 적지 않은 도움이 된 것이다.

해온　　지금까지의 삶을 돌아봤을 때 후회나 아쉬움이 있으셨다면 어떤 것일까요?

네옴　　저는 한국에서 영주권을 따고 싶었지만 아까 말 한 것처럼 영주권을 얻기 위한 조건들을 충족시 키기가 어려웠어요. 지금 있는 비자로는 월요일 부터 토요일까지 반드시 일을 해야 나중에 비자 연장하는 것이 가능하기 때문에 맘대로 쉴 수가 없었고 교민회 활동과 봉사조차 편하게 하지 못 했거든요. 영주권을 위해 일찍부터 노력을 못했 다는 게 아쉬워요. 그랬다면 사람들을 조금 더 많이, 편하게 도와줄 수 있을 텐데 말이죠.

해온　　이제 미얀마에 관한 질문으로 넘어갈게요. 현재 미얀마의 상황에 대해서 아시는 게 있나요?

네옴   21년 8월에 YTN과 같이 통역사로 직접 가볼 기회를 얻었어요. 그때 제가 몰랐던 지역들에 가서 교통도 불편하고 전기도 안 들어오고 전화도 안 되는 곳에서 매일매일 불안에 떨고 있는 사람들을 봤어요. 미얀마의 상황을 뉴스로만 접하다가 직접 보고 그분들과 대화를 나누니 우리나라가 처한 상황들이 더욱 가슴 아프게 느껴졌어요.

한국에 오고 나서 미얀마에 있는 사람들과 연락을 할 때 가끔 저와 밥을 먹었던 사람들, 저를 도와줬던 사람들이 죽었다는 소식을 듣기도 해요.

해온   민주화를 위한 활동을 다양하게 하고 있다고 하셨는데 한국인들과도 하는 일이 있나요?

네옴   맘프(MAMF, 문화 다양성 축제)에서 미얀마 문화를 국제사회에 알리는 것을 했고요, 2019년 부산에서 열린 아시아특별정상회의도 참여했어요. 미얀마의 재난 재해 구호 활동도 같이 돕고 있고요.

한국 언론도 민주화 운동에 도움이 되고 있어요. 민주화 운동을 시작했을 때부터 오마이뉴스에서 찾아와서 지금까지 저희 기사를 내주고 있어요. KBS YTN MBC도 내주고 있지만 가장 꾸준히 관심을 가져주는 곳은 오마이뉴스라서 저희가 감사장을 드리기도 했어요.

큰일 났다. 내 실수로 일부 녹음 파일이 날아갔다. 네옴 씨의 모금 운동과 집회참여 등 여러 행사 부분이었다. 너무나 안타까웠다. 인터뷰 후, 네옴 씨는 방송, 신문 기사며 여러 곳에서 받은 수료증, 감사패 등을 보여주었다. 성실하고 열심히 살아온 네옴 씨. 인터뷰 때 열과 성을 다한 그의 얼굴이 떠올라서 미안함이 더 커졌다. 그래서 그의 다른 녹음 파일들은 보물 다루듯이 더 조심스럽게, 더 소중하게 다루었다.

해온　　네옴 씨는 민주화가 언제 이루어질 것이라 예상하시나요?

네옴　　많이 좋아지고 있죠. 미국도 도와주고 있으니까요. 그런데 저는 우리 미얀마분들이, 시민분들이 이렇게 힘들고 어려운 상황 속에서도 멈추지 않고 목숨 걸고 맞서 싸우는 것만으로도 민주화는 성공이라고 할 수 있을 것 같아요. 예전에는 민주주의에 대해서 사람들이 잘 몰랐으니까 그렇게 많은 사람들이 나서지 않았는데, 지금은 전국의 모든 민족이 지난 5년 동안의 민주주의를 잊지 않고, 그걸 뺏어간 군부에 맞서고 있어요. 저는 그것만으로도 민주화가 성공했다고 생각해요.

해온 민주화가 된 이후에도 한국에서 계속 활동하실 건가요?

네옴 미얀마에 가야죠. 단지 미얀마에 가기 전에 제가 하고 있는 봉사활동을 비롯한 많은 활동들, 일했던 단체들, 그리고 함께 했던 사람들이 있기 때문에, 아무래도 마무리가 필요할 것 같아요.

해온 마지막으로 하고 싶은 말씀 있으면 자유롭게 해주세요.

네옴 어제도 미얀마 군부가 죄 없는 청소년들을 죽였다는 뉴스가 나왔어요. 우크라이나-러시아 전쟁에도 민간인 피해가 계속해서 나오고 있잖아요. 저는 이런 것들이 국제사회가 관심을 가지고 나서지 않아서 생기는 일이라고 생각해요. 작은 문제라고 생각해서, 또 자기 나라에서 벌어진 일이 아니라고 무시하면 큰일이 벌어졌을 때는 늦는 거예요. 되돌릴 수 없거든요. 전쟁을 낳을 수도 있고, 그렇게 되면 셀 수 없는 희생자가 나올 거예요.

다섯 번째 대화

에이띤
Aye Ate Thin

"쿠데타 후 바로 학생단체를 만들었어요"

다섯 번째 대화
에이띤
Aye Ate Thin, 1972년생

에이띤 씨를 만난 곳은 서울 신림동의 서울대학교였다. 인터뷰 장소는 학교 건물의 빈 강의실. 에이띤 씨는 인터뷰 대상자 중 가장 나이가 많아, 살아온 세월만큼 들려준 이야기가 많았다. 차분한 목소리로 느리게 말하는 편이었지만, 이야기 내용은 한 편의 드라마를 보는 듯 흥미진진했다.

해온　　직업이 무엇인가요?

에이띤　　미얀마에서는 외국어대학교 한국어학과 교수였
　　　　　　고 한국에서는 대학원생입니다. 미얀마 외대에
　　　　　　서 2003년도부터 교수 생활을 하다가 2018년
　　　　　　도 가을학기에 서울대에 박사과정을 다니러 왔
　　　　　　습니다.
　　　　　　한국으로 유학을 왔지만 교수직을 유지하고 있
　　　　　　었는데, 2021년, 쿠데타 이후에 시민 불복종 운
　　　　　　동에 참여해서 해고당했습니다. 현재는 직업이
　　　　　　없는 백수지요.

해온　　한국어과를 선택하신 이유가 무엇인가요?

에이띤　　대학에서 화학을 전공했고 졸업한 후 한국어과
　　　　　　에서 한국어를 공부하게 되었습니다. 한국어를
　　　　　　처음 배웠던 97년에는 한국어가 미얀마에서 인
　　　　　　기가 별로 없었습니다. 한국어보다 중국어나 일
　　　　　　본어가 더 인기 많았습니다. 그런데 제가 도전을
　　　　　　좋아하는 성격이고 한국이 앞으로 더 발전할 수
　　　　　　있을 거라 생각해 한국어를 선택하게 되었습니
　　　　　　다. 우수한 학생은 한국어과 교수로 뽑힐 수 있

었고 저도 교수가 되었습니다.

해온   미얀마에서 15년 동안 교수를 하셨는데, 이후 한
국으로 오기까지의 과정이 어떻게 되는지요?

에이띤   미얀마의 대학교육은 모두 공교육이고 교육부
가 주관합니다. 2015년도부터 시민이 뽑은 민족
정부 정책하에서 교육도 변경되기 시작했습니
다. 그동안 저희 미얀마 외국어대학교 한국어학
과의 교육과정이 어학당 수준을 넘어가지 못했
습니다. 저희 교수들은 학위를 취득을 위해 우후
죽순 유학을 떠났습니다. 장학금을 받으려면 기
간제한 내에 학위를 취득해야 하기 때문에 학위
논문 쓰기 좋은 과목을 선택하게 됩니다. 대부분
한국의 역사나 문학을 선택하지 못한 이유지요.
저는 다른 나라의 언어를 제대로 배우려면 무엇
보다도 문학이 제일 중요하다고 생각했습니다.
그래서 시간이 걸리더라도 한국문학을 선택했
습니다.

해온   그렇게 꿈을 갖고 한국에 오셨는데, 미얀마의 정
치 상황 때문에 공부에 전념할 수 없었군요.

에이띤   (한국 대학원생으로 있었던)기간은 5년이었지만 미얀마에서 쿠데타가 일어난 후 군부가 만든 시스템을 바로 잡기 위해서 많은 활동을 했었습니다. 그래서 쿠데타가 일어난 후 2년 동안은 대학원 공부를 못 했습니다.

(미얀마를 위한) 활동을 많이 해서 과로로 쓰러진 적이 있었습니다. 논문연구 지도받으러 교수님께 갔다가 교수님 연구실 밖에서 쓰러졌습니다. 다행히 교수님께서 119 불러 주셔서 가까운 양지병원에서 치료를 받았습니다. 고혈압과 스트레스 때문에 뇌에 혈액을 공급하는 혈관이 좁아져서 MRI까지 찍었습니다. 의사선생님이 큰 대학병원에서 치료를 받으라고 해서 서울대병원에서 치료받고 있습니다. 뇌졸중이란 병은 혼자 있으면 안 된다고 하셔서 딸 둘을 부르게 되었습니다. 지금 딸 둘과 같이 살고 있습니다.

해온   활동을 하실 때는 어떤 단체의 소속으로 하셨나요?

에이띤   처음에 미얀마 외국어 교수이자 대학원생으로서 '미얀마 학생 연합회'를 개설했고 회장으로 활동하다가, 쓰러진 이후 젊은 사람들이 운영하는 게 더 좋을 거라고 판단되어서 새로운 회장을 뽑은 뒤, 저는 뒤에서 도와주는 역할만 했습니다.

또한 임시정부인 NUG(미얀마 국민통합정부)의 한국대표부가 생겨서 거기서 교육담당자로 활동을 했습니다. 그런데 정치와 정책에 대해서 너무 부족한 게 많은 데다 정치인들과 생각도 좀 달랐습니다. 너무 힘들어서 제가 할 수 있는 일이 아니라는 생각에 소극적으로 있었습니다. 그밖에 성공회대 교수님과 '미얀마 민주화 운동 연구팀'에 참여한 일도 있습니다.

해온   한국어학과 교수이셨으니 한국 역사도 많이 아실 것 같습니다.

에이띤   한국 문학을 배우고 있는 학습자로서 한국의 역사는 어느 정도 공부했습니다.

해온   현재 한국 대학원생이신데, 한국어 교수로서의 일은 어떻게 하고 계시나요?

에이띤   주말마다 온라인으로, 한국어를 배우고 싶어하는 미얀마 학생들을 가르치고 있습니다. 받은 돈은 시민 불복종 운동 단체라든가 PDF(미얀마 시민 방위군)에 기부합니다.

또 서울대학교의 '세계문화이해교육'에 소속되어있어 초,중,고등학교 학생들에게 "미얀마 문화 교류하기" 강의를 하고 있습니다.

또 하나, 이민정책연구원에서 운영하고 있는 "이민자 조기적응프로그램"에서 미얀마 어 전문강사로서 강의도 하고 있습니다.

해온   한국에 살다 보니 미얀마에서 생각했던 한국과 다른 부분들이 있나요?

에이띤   사실 전에는 교육 관련 분들과만 만났지만, 학교 기숙사를 나온 후 동네 일반인들과 만나게 되었습니다. 열대지방인 미얀마와 달리 한국은 엄청 추워서 주거문화가 다른 것 같습니다. 집주인과 곰팡이 문제로도 싸운 기억도 있고, 계약이 끝나기 전에 새로운 집 구하고 이사를 또 해야 해서 너무 힘들었던 기억이 납니다.

해온　　　어릴 때 어떤 아이였나요?

에이띤　　5남매 중에 넷째였는데 제가 부모의 사랑을 제일 많이 받았어요. 아마 형제자매 중 공부를 제일 잘해서 그런가 봅니다. 운동과 노래를 너무 좋아했고 도전을 좋아하는 아이였습니다.

해온　　　교사 전에는 어떤 일을 하셨나요?

애이띤　　제가 한국어를 처음 배우던 당시, 미얀마에서 한국말을 할 줄 아는 사람이 별로 없었습니다. 그래서 선생님께서 소개해 주신 한국 신문을 파는 곳에서 아르바이트를 하면서 한국어를 공부할수 있었습니다. 이어서 드라마 자막을 만드는 회사에서 일하게 되었습니다. (경쟁자가 적어서 한국어 일자리를 수월하게 구했다는 의미인 듯 했다) 교사를 선택한 것은 제가 공무원이 되길 바라신 부모님 때문이었습니다.

해온　　　부모님 말씀을 잘 듣는 편이었네요.

에이띤　　나이가 들면서 철이 들어 그렇게 되었지만 어렸을 때는 아니었습니다. 부모님께서 반대하신 결혼도 했었습니다. 어렸을 때 자유를 너무 좋아해서 친구들과 노는 시간도 많았습니다.

해온　　어릴 때 특별한 사건이 있었나요?

에이띤　　한강 작가의 <소년이 온다>를 보면, 자식인 대학생이 시위대에 나갈까 봐 광주에서 영암의 친척 집으로 피하게 한다는 내용이 나옵니다.
저희 엄마 생각이 났습니다. 8888항쟁 때 저희 동네가 시위를 적극적으로 한 동네였습니다. 현재 국민통합정부 외교부 장관님도 같은 동네 출신입니다. 그때 저는 고등학생이었고, 저희 오빠는 대학생이었습니다. 엄마가 시위대에 나가지 말라고 해서 오빠는 안 갔는데 저는 갔습니다. 저는 이렇게 부모님의 말씀을 안 따르는 게 많았습니다.

해온　　지금까지의 인생을 돌아봤을 때 후회되는 게 있나요?

에이띤　　'배우자가 외국에 나가 있는 공무원은 외국에 나

갈 수 없다'는 미얀마 정책 때문에 한국으로 유학 오기 힘들었습니다. 그때 남편 대신 내가 먼저 나가서 공부를 할 걸, 하고 후회했습니다.

해온　21년도에 '시민 불복종 운동'이 일어났을 때, 미얀마 학생 연합회 회장으로 활동을 하셨는데 그때 한국인들도 연대했나요?

에이띤　네, 많은 분들의 도움을 받았습니다. 미얀마에서 사업을 하고 있기 때문에 앞에 나서지는 못하지만 뒤에서라도 도와주겠다는 분들도 기억나고, 한번은 경기아트센터에서 저희 연합회가 미얀마와 관련된 연극을 했었는데 당시 경기도지사였던 이재명 씨가 영상으로 연설을 해주시는 등 지원을 해주셨습니다.

해온　활동하면서 기억에 남는 사건들을 더 이야기해주세요.

에이띤　처음 저희가 시위대로 나섰을 때 어느 한국분이 저에게 연합회 활동이 더 길어질 것 같으니 계속 활동하려면 활동 자금을 벌어야 하지 않겠는

가, 하면서 핸드폰으로 하는 사업 같은 것을 제
안하셨습니다. 자신의 전화번호만 있으면 학생
들도 앱 설치해서 돈을 벌 수 있다고 하더라고
요. 그런데 잘 모르는 분야인데다 학생들에게 시
켰다가 잘못될 위험이 있을까 봐 거절을 했습니
다.

사실 고국의 쿠데타가 빨리 끝날 줄 알았습니다.
거의 모든 시민이 반대하고 있다고 생각했기 때
문이죠. 하지만 너무 오래 지속되고 있고, 제 경
우 현재 한국에서의 사생활 때문에 더 많이 돕
고 싶지만 돈 기부 외의 다른 활동들을 못 하고
있습니다. 지금 생각해보면 그 제안을 받아들였
으면 진짜 활동 자금을 마련할 수 있지 않았을
까, 하는 생각이 듭니다.

해온   현재 젊은 사람에게 연합회 회장을 넘겨주고 박
사 학위 과정에 집중하고 계시는데, 앞으로 민주
화를 위해 계획하시는 일이 있나요?

에이띤   일단 비자 문제 때문에 졸업을 해야 해서 학위
논문에 집중할 예정입니다. 졸업한 후 어떤 걸
할지는 모르겠지만 당연히 민주화 운동은 계속

할 것입니다. 지금도 논문 때문에 바쁘지만 현재 한국에서 시민 불복종 운동에 참여하고 있는 미얀마 동포들을 위해 한국어 가르치는 일은 계속하고 있습니다.

해온   민주화가 된 이후 미얀마가 풀어야 할 문제들은 무엇이 있을까요?

에이띤   지금 미얀마에서 민주화 운동을 하고 있는 많은 사람들이 무기를 갖고 있어요. 그 사람들이 올바르지 않은 길로 가서 나라가 또 다른 문제에 직면할까 봐 무섭습니다. 시민군들이 협의를 잘 해서 아웅산 수찌 같은 훌륭한 지도자가 나왔으면 좋겠습니다.

해온   민주화가 되면 미얀마로 돌아가실 건가요?

에이띤   저는 당연히 돌아갈 겁니다.

해온   딸들도 같이 가나요?

에이띤   딸들은 안 갈 수도 있습니다. 한국에서 교육을 더 받아야 합니다. 둘째는 초등학교 때부터 한국에서 살았으니까 생각까지 한국식인 것 같습니다. 한국교육의 영향을 받아서 사고방식이 거의 한국 사람 같습니다. 사춘기인 딸은 나중에 자신이 좋아하는 보이그룹 NCT Dream 멤버인 나재민이랑 결혼할 거라고 하기도 하고. (웃음)

해온   본인은 미얀마로 돌아간다고 하셨는데, 그곳에서 대학교수 생활을 계속하실 건가요?

에이띤   글쎄요, 지금 미얀마의 급선무는 교육 시스템이니까 대학교보다는 초등학교부터 제대로 만들면 좋겠습니다. 초등학교부터 차근차근 고쳐나가야 교육 시스템이 발전할 수 있을 거라고 생각합니다. 한국에서 배운 것들을 바탕으로 초등학교 교사로 일하고 싶습니다.

해온   민주화 이후 여행 등으로 미얀마에 가게 될 한국 사람들에게 미얀마를 소개해주세요.

에이띤   한국에도 좋은 자연풍경이 있지만 도시에 인공적으로 만든 것이 많습니다. 하지만 미얀마에는 정말로 자연 그대로 아름다운 곳이 많이 있습니다. 그리고 저희 미얀마 사람들이 너무 착하다고 자랑하고 싶습니다. 그래서인지 미얀마에 갔다 온 한국사람들이 또 가고 싶어한다고들 합니다. 전쟁이 끝나면 좋은 여행지가 될 거라고 믿습니다.

해온 마지막으로 더 하실 말씀이 있나요?

에이띤 저는 한국어와 한국문화를 공부하고 가르치는 사람으로서 한국 사람들의 좋은 이미지를 갖고 싶습니다.

한국은 출산율 저하 문제로 외국 이민자들을 받아들일 수밖에 없습니다. 문화 차이 때문에 충돌이 발생하지 않도록 서로 이해하고 잘 지냈으면 좋겠습니다. 서양인이든 동양인이든 어느 나라에 살든, 모두가 같은 인간이라고 생각했으면 좋겠습니다. 그리고 서로 타문화를 존중했으면 좋겠습니다.

여섯 번째 대화

몬난따킨
Hmone Nanthar Kin

"전쟁 때문에 공부 못 한 아이들을 돕는 게 꿈이에요"

몬난따킨 씨의 요청으로 사진은 싣지 않습니다.

여섯 번째 대화
몬난따킨
Hmone Nanthar Kin, 1999년생

첫 인터뷰 장소였던 부평 카페를 다시 찾았다. 처음 왔을 땐 조용해서 최적의 인터뷰 장소라고 생각했었는데, 몬난따킨 씨와의 인터뷰를 위해 다시 찾았을 때는 사람이 붐볐다. 결국, 소음 때문에 녹음이 부실하게 되어 인터뷰 내용 중 일부를 기록하지 못했다.

설상가상으로 몬난따킨 씨는 말수가 적은 사람이었다. 원래 과묵한 것인지, 아니면 긴장한 것인지, 한국어가 능숙하지 않아 하고 싶은 말을 삼키고 있는 것인지… 답변이 너무 짧으니 창의적 질문을 떠올리기 쉽지 않았다. 결국, 미리 준비해온 질문에만 의존할 수밖에… 이래저래 가장 짧은 인터뷰가 되었다.

해온　　　하시고 있는 일은?

몬난따킨　지금은 한국어학원에서 한국어를 배우고 있어
　　　　　요. 내년(2024년)에 대학교에 입학할 예정이에
　　　　　요.

해온

　한국에는 언제 오셨나요?

몬난따킨　2022년 6월에 왔어요.

　몬난따킨 씨가 한국에 온 것은 쿠데타 이후였다. 생각해보니
인터뷰한 사람 중 유일했다.

해온　　　한국에 오신 이유는?

몬난따킨　미얀마에서 한국 드라마를 보며 한국과 한국어
　　　　　에 대한 관심이 있었어요. 그래서 한국어를 배우
　　　　　려고 왔어요.

해온　　　그럼 한국에 대해 어느 정도 알고 오셨을 텐데

실제로 와보니 어떤가요? 생각과 다른 것과 불편한 것이 있었나요?

몬난따킨   한국 드라마에서는 사람들이 아주 친절하게 나오는데 실제론 그런 것 같지 않았어요. 불편한 것은 없는데 제가 드라마에서 듣던 것보다 실제 한국인들이 말하는 속도가 너무 빨라요. 지금도 조금 빠르신 것 같아요.

뜨끔해진 나는 의식적으로 말을 천천히 하기 시작했다.

해온   어학원에서 공부하실 때 사람들이 말이 빨라서 못 알아듣는 경우도 있었겠군요.

몬난따킨   지금은 외국인분들이 많아서 괜찮지만 내년에 대학교에 들어가게 되면 한국 사람들이랑 같이 공부하게 되니까 어려워질 것 같아요.

해온   대학 전공은 정하셨나요?

몬난따킨   미디어 커뮤니케이션이에요.

해온   한국에 오셨을 때 미얀마와 다르다고 느낀 것은 무엇이었나요?

몬난따킨   없는 것 같아요

해온   미얀마와 비교했을 때, 날씨가 너무 춥지 않아요?

몬난따킨   날씨는 너무 좋아요.

　날씨가 너무 좋다는데, 이곳의 기온은 뚝뚝 떨어지고 있다. 어떻게 해야 몬난따킨 씨의 답을 길게, 자세하게 유도할 수 있을까. 고향 이야기로 건너가기로 했다. 앞의 인터뷰 대상자들을 생각하면 고향 이야기를 할 때 재미있고 의미 있는 이야기가 많이 나왔다.

해온   미얀마에 대해 알고 싶어 하는 사람들에게 어떻게 소개하시나요?

몬난따킨 사실 외국인들이 미얀마를 잘 몰라요. 경치가 아름답고 불교 탑이 많은 곳이에요. 사람들도 착하고요.

해온 고향은 어디인가요?

몬난따킨 지금의 수도인 네피도예요. 미얀마의 중간에 있어요.

고향에 대한 질문도 꼬였다. 어색한 침묵을 틈타 몬난따킨 씨가 살고 있는 네피도에 대해 검색했다. 2005년, 군부는 수도를 항구 도시인 양곤에서 군사적 요충지인 핀마나로 옮기며 이름을 네피도로 바꾸었다. 그래서 네피도에는 군사기지가 많이 들어섰다고 했다.

해온 가족이 어떻게 되시나요?

몬난따킨 어머니와 동생 두 명이 미얀마에 살고 있어요. 아버지는 돌아가셨고요.

해온   어릴 때 어떤 사람이었나요?

몬난따킨   가족 형편이 어려웠었고 의사가 되고 싶었어요.

해온   학교를 재밌게 다니셨나요?

몬난따킨   재미없었어요. 친구도 별로 없었고요.

해온   고등학교를 졸업하고 바로 한국에 오셨나요?

몬난따킨   아뇨. 미얀마에서 대학교를 3년 동안 다니다가
              중퇴하고 왔어요.

해온   어떤 학과를 다니셨나요?

몬난따킨   영어학과요.

해온   한국의 학교와 비교한다면?

몬난따킨   한국의 대학 생활이 더 어려운 것 같아요. 저는
              아직 대학교 다니고 있지 않지만 다니고 있는
              미얀마 친구들에게 물어보면 한국이 과제 같은

할 일이 더 많다고 하더라고요. 대학교 입학시험은 미얀마도 한국 못지않게 어려울 거예요.

해온 제가 전에 인터뷰한 분의 말에 따르면 군부가 미얀마 학생들의 대학입학을 어렵게 해놓았다고 하더라고요. 대학생들이 정치의식을 키워서 데모에 가담하는 것을 막으려고요.

몬난따킨 저도 데모를 했어요. 쿠데타가 일어났을 때. 코로나 때문에 대학교가 휴교해서 대학생들이 많이 데모를 했어요. 위험한 일이 많았어요. 제가 한국에 온 이유도 제가 안전하길 바라는 어머니 뜻 때문도 있어요.

해온 좋아하는 음악이나 책, 영화가 있나요?

몬난따킨 저는 시를 좋아해요. 시를 읽고 작가와 만나서 얘기하는 걸 좋아해요. 아는 시인이 많거든요.

해온 지금까지 인생을 돌아봤을 때 후회나 아쉬움이 있나요?

몬난따킨 고등학교 때 공부를 잘했지만 시험에서 원하는 결과가 안 나왔어요. 그래서 의대를 가고 싶었지만 영어학과를 간 거예요. 더 열심히 공부해서 시험을 더 잘봤더라면 하는 후회가 있어요.

문득 몬난따킨 씨가 시킨 레모네이드를 보았다. 조금도 줄지 않았다. 인터뷰 내내 정적으로 앉아있었지만 손은 내내 폰을 만지작거렸고 자세는 경직되어 있었다. 문득 이렇게 건조한 대화가 내 탓은 아닌지, 무슨 실수를 한 건 아닌지, 불편하게 만든 질문이 있었는지, 생각되었다. 사적인 질문을 끝내고 민주화 이야기로 넘어갔다.

해온 현재 미얀마 상황에 대해 아시는 게 있나요?

몬난따킨 내전이 너무 심해요. 양곤이나 네피도는 아직 안전하지만 절대 안심할 수 없는 상태예요. 물가도 올라서 사람들이 힘들어하고 있어요.

해온 현재 참여 중인 민주화 운동에 대해 이야기해주세요.

몬난따킨   MFDMC(미얀마연방민주주의승리연합)가 활동할 때마다 축구 경기와 음식 판매, 모금을 도와주는 역할을 하고 있어요.

해온   앞으로 미얀마가 민주화된다면 자유로운 미얀마에서 하고 싶은 일을 얘기해주세요.

몬난따킨   한국에서 대학을 졸업하고 미얀마로 돌아가서 하고 싶은 일이 있어요. 그동안 전쟁이나 가난 때문에 공부를 하지 못했던 아이들에게 한국어와 영어를 가르쳐주고 싶어요.

해온   교사가 되고 싶으신 건가요?

몬난따킨   교사보다는 봉사자로서 하고 싶은 일이에요.

해온   왜 한국어인가요?

몬난따킨   한국이 미얀마를 많이 도와줘서 한국어의 인기가 올라가고 있거든요. 미얀마의 SNS에 가장 많이 등장하는 사람들이 한국인이에요. 그리고 한국어와 미얀마어가 유사성이 있어서 배우기 쉬운 편이기도 하고요.

그녀는 번역기를 켰다. 중요한 답변이라 정확히 전하고 싶었던 것 같다. 몇 초 후, 보여준 화면에는 '좋은 지도자를 뽑는 것'이라고 되어 있었다. 그 말에 미얀마의 영웅, 민주화의 상징, 아웅산 수찌가 떠올랐다. 그러나 외국 국적의 배우자를 가진 사람은 대통령에 출마할 수 없게 한, 2008년의 신헌법 때문에 영국인 남편을 둔 아웅산 수찌는 대통령이 될 수 없다. 민주화가 된다면, 헌법 개정을 통해 그녀의 대통령 부임을 기대할 수 있지만, 이제는 나이가 너무 많은 것이 문제라고 말했다. 답변이 이어졌다.

해온   미얀마가 민주화가 되면 해결해야 할 문제들이 무엇이 있을까요?

몬난따킨   그리고 미얀마에 들어왔던 회사들이 많이 빠져 나갔기 때문에 좋은 일자리가 줄어들고 있어요. 그래서 민주화가 되면 다시 회사들이 우리나라로 진출할 수 있도록 만들어야 할 것 같아요.

해온   민주화 이후 교육 봉사자가 되고 싶다고 하셨는
데 미얀마의 교육 시스템이 안정됐을 때도 계속
교육자로 사실 건가요?

몬난따킨   그때는 저는 회사에서 일하고 싶어요. 미얀마로
들어온 한국회사요.

해온   마지막으로 하고 싶으신 말은?

몬난따킨   미얀마 사람들은 현재 민주화를 위해 열심히 싸
우고 있습니다. 나중에 민주화가 이루어지면 한
국인들이 미얀마로 여행을 많이 오시면 좋겠어
요.

준비한 질문이 끝났고, 다른 인터뷰 때와 달리 추가 질문을 하
지 않았다.
몬난따킨 씨와의 대화가 의미가 없었을까. 그건 아니다. 말이
짧다고 느낌과 여운까지 짧지 않았다. 그녀가 미처 하지 못한,
혹은 할 수 없었던 말은 무엇이었을까, 계속 떠올리고 되새기게
했던 인터뷰였다.

레모네이드는 여전히 가득 차 있었다.

일곱 번째 대화

미모뚜
May Moe Thu

"할머니가 돌아가실 때, 옆에 있을 수 없었어요"

친구는 잘 사귀고 봐야 한다.

친구 어머님의 소개로 내가 사는 파주에서 인터뷰를 할 수 있게 되었다. 파주는 내가 태어난 곳이고 자라난 곳이다. 어린이집, 초등학교, 중학교, 고등학교 모두 파주에서 다녔다. 가족과 친구들과 정말 많은 곳을 다녔다. 안 가본 곳, 모르는 곳이 거의 없다고 생각했다. 그런데 내 사는 곳 가까이에서 미얀마인들이 살고, 일하고, 민주화 운동을 하고 있었다니, 지금까지 그들의 존재조차 모르고 있었다니… 이 프로젝트가 아니었다면 평생 모르고 살지 않았을까. 우물 안 개구리는 이럴 때 쓰는 말일 것이다.

해온   어떤 일을 하시나요?

미모뚜   주대한민국 미얀마연방 공화국 대표부에서 노무공보관을 맡고 있어요. 또, 통역 일과 비자 문제로 어려움을 겪는 이주노동자들을 위한 상담도 해요.

해온   그전에는 어떤 일을 하셨나요?

미모뚜   양곤의 관광회사에서 일하다가 한국에 와서는 다문화센터에서 일했어요. 공장에서 일해봤는데 힘들어서 오래 못하고 여기로 왔어요.

해온   파주에서만 일하시나요?

미모뚜   아뇨, 다른 지역도 다니면서 일하고 있어요.

해온   한국에는 언제 오셨나요?

미모뚜   2009년에 결혼 이민자로 왔어요.

해온   고향이 어디인가요?

미모뚜   사가잉이에요. 만달레이 옆에 있는 도시예요.

해온   그곳에서 계속 사셨나요?

미모뚜   어릴 때 양곤과 사가잉을 왔다갔다하며 살았어요. 고등학교는 사가잉에서 졸업하고 양곤으로 이사 갔어요.

해온   사가잉은 어떤 곳인가요?

미모뚜   탑이 많아서 관광객이 많이 오는 곳이에요. 도시이기 때문에 내전으로 인한 피해는 많이 없어요.

해온   어릴 때 어떤 아이였나요?

미모뚜   걱정 없이 컸어요. 공부도 좋아하고 잘해서 의사가 되고 싶었어요. 미얀마는 한국과 달리 대입 시험을 하루에 한 과목씩 총 6일 동안 보게 돼있거든요. 그런데, 제가 대입 시험 봤을 때, 수학시험 도중 몸이 아파서 결국 좋은 성적을 받지 못했어요. 그래서 의대 못가고 경영학과에 가게 됐어요.

해온　　　미얀마의 학교와 한국의 학교의 차이는 뭔가요?

미모뚜　　　한국은 친구와 우정도 쌓을 수 있고 공부 외에
　　　　　　도 다른 활동들을 많이 하잖아요. 반면 미얀마는
　　　　　　공부와 시험밖에 없어요. 그저 공부만 가르쳐요.

　우리나라 교육이 대학입학만을 목적으로 해서, 학생들이 스트
레스를 많이 받는다고 생각해왔다. 그런데 미얀마인으로부터 한
국 교육이 공부 외의 활동도 할 수 있고 우정도 쌓을 수 있어 부
럽다는 이야기를 듣고 의아했다. 공부량 많고 시험 어려운 것으
로 치면 세계에서 우리 따라올 나라가 없다고 들었기 때문이다.
미얀마 학교의 수업과정과 대학시험이 우리보다 힘들다는 이야
기 같은데… 도대체 어느 정도일까.

　미얀마 군부는 대학 진학률을 낮추려고 노력한다고 한다. 학
생들이 대학을 많이 가면 지식이 높아지고 그에 따라 독재를 비
판하는 학생이 늘 것이고, 그러다 뭉쳐서 독재타도를 외치면 정
권유지에 방해가 되기 때문이라고 한다. 심지어 대학들을 일부
러 수도 중심이 아닌 최대한 외곽의 한적한 곳에 세운다고 한다.

해온　　　좋아하는 책이 있었나요?

134

미모뚜   가끔 힘들 때 읽는 미얀마 스님이 쓴 책이 있어
       요. 마음이 복잡하고 힘들 때 해결이나 위안을
       얻을 수 있어요.

해온   어떤 책인지 궁금하네요. 책 제목이 뭔가요?

미모뚜   한국 말로 바꾸면 '행복이 핵심이다'이라는 책입
       니다.

해온   지금까지 살아온 인생을 돌아보았을 때 아쉽거
       나 후회되는 것이 있나요?

미모뚜   한국에서 미얀마 물건을 파는 상점을 하고 싶었
       는데 쿠데타 때문에 하지 못한 게 너무 아쉬워
       요. 그리고, 한국에서 민주화 운동을 하고 있기
       때문에 미얀마에 들어갈 수가 없어요. 그래서 미
       얀마에 있는 제 할머니의 임종을 지켜 드리지
       못했어요.

해온   미얀마의 현재 상황이 어떤가요?

미모뚜   큰 도시를 제외한 많은 곳에서 전투가 벌어지고

있어요. 매일 끔찍하고 안타까운 뉴스들이 나오고 있고요. 그저께 양곤에서 10대 아이가 시위를 하다가 총에 맞았다는 얘기가 나왔어요. 물가가 너무 올라서 PDF(미얀마시민방위군)에서 도움을 많이 요청하고 있어서, 저도 계속해서 기부를 하고 있어요.

그래도 확실히 내전에서 승기를 잡았어요. 군부가 많이 약해져서 은퇴한 군인들을 데려올 정도래요.

해온   민주화 운동을 한국인과도 함께 하시나요?

미모뚜   시위도 하고 모금도 하고 있어요. 쿠데타가 일어난 지 3년 정도 되니까 기부금이 많이 줄었어요. 그래서 이번에 대구에 홍보를 하러 갈 예정이에요.

해온   앞으로 계획하시는 일은 있나요?

미모뚜   미얀마가 다시 일어설 때까지 돕고 싶어요. 제가 볼 때는 미얀마는 처음부터 다시 시작해야 될 정도로 문제들이 많아서 아마 최소 10년 동안은 나라가 어려울 거라고 생각해요.

해온   어떤 문제들이 있을까요?

미모뚜   경제부터 바로잡아야 해요.

해온   중국이 군부를 도와주고 있다는데 지금도 그런
가요?

미모뚜   원래는 그랬는데 이제는 유리한 쪽인 시민 편에
서고 있어요. 중국이 비겁하긴 하지만 저희도 이
기려면 어쩔 수가 없어요.

해온   민주화가 되면 미얀마로 돌아가실 건가요?

미모뚜   미얀마를 위해 돈을 벌어야 하기 때문에 한동안
은 여기에 있어야 할 것 같아요. 미얀마에는 일
자리가 없거든요.

해온   관광 회사에서 일하셨잖아요. 민주화가 된 뒤,
미얀마에 여행 가고 싶어하는 이들에게 추천해
주고 싶은 곳을 말씀해주세요.

미모뚜 일단 미얀마는 한국분들한테는 굉장히 덥기 때문에 겨울에 가야 해요. 바간과 이레이 호수는 꼭 가야 하는 곳이에요.

해온 마지막으로 하고 싶으신 말씀이 있나요?

미모뚜 지금 제일 마음이 아픈 건 저는 여기서 편하게 살고 있지만 미얀마에는 집도 없이 하루하루 무서움에 떨며 살고 있는 사람들이 많다는 거예요. PDF(미얀마시민방위군)의 싸움도 격렬하고요. 10대, 20대 아이들까지 목숨 걸고 싸우고 있으니 빨리 내전이 끝났으면 좋겠어요.

여덟 번째 대화
예진
Ye Jin

"미디어로 민족 화합을 꿈꿉니다"

예진 씨의 요청으로 사진은 싣지 않습니다.

여덟 번째 대화
예진
Ye Jin, 1995년생

'예진'은 한국 예명이다. 얼굴은 물론 이름도 드러내고 싶어하지 않았다.

아주 특별한 사람이었다. 유창한 한국어 실력과 마르지 않는 우물처럼 끝없이 나오는 이야기들을 인터뷰 한 번만으로 담을 수 없었다. 결국 경기도와 서울을 오가며 세 번을 만났다.

첫 만남 장소는 부평역 인근이었다. 그녀는 미얀마 음식을 대접하고 싶다며 미얀마 식당으로 안내했다. 이곳은 첫 번째 인터뷰 대상자인 조산 씨와 만났던 장소다. 인터뷰 대장정의 첫 발을 내디딘 공간을 어느새 프로젝트의 막바지에 이르러 다시 찾게 된 것이다. 어설프고 긴장했던 순간들이 떠올랐다. 낯설었던 음식 냄새가 익숙하게 느껴지는 것을 보니 이제 미얀마란 나라가

가깝게 느껴졌다. 그리고 마지막 인터뷰까지 무탈하게 달려온 나 자신이 자랑스러웠다. 하지만 예진 씨와 식탁에 마주 앉고 얼마 지나지 않아 섣부른 생각이었음을 깨달았다.

연신 내 접시에 음식을 덜어주던 예진 씨는 천천히 미얀마 이야기를 하기 시작했다. 지인들이 당했던 아픔들, 민주화 운동 과정에서 다치고 죽은 사람들… 그녀의 눈시울이 붉어졌다.

갑자기 이 인터뷰 프로젝트가, 준비해온 질문지가, 아무것도 아닌 것처럼 느껴졌다.미얀마 사람들을 섭외해서 계획대로 인터뷰가 다 돼가니까, 목적을 다 이룬 것처럼 생각한 자신이 부끄러웠다.

그 깨달음을 주고 인터뷰 연장까지 순순히 받아준 예진 씨.

첫 미팅 후 두 번째 약속을 잡고 돌아가던 길, 두 가지 감정이 교차했다. 좋은 사람을 알게 되었다는 기쁨, 그리고 이 인터뷰가 얼마나 진지하고 무거운 주제인가를 잊고 있었다는 반성, 또 반성이었다.

해온　　어떤 일을 하시나요?

예진　　한국어 과외와 통번역 일을 하고 있어요. 서울에 있는 대학에서 석사를 졸업했고, 지금은 박사 1학기를 다니고 있어요.

해온   한국에는 언제, 어떤 계기로 오셨나요?

예진   2019년 8월 말에 한국에 장학생으로 석사 공부
          하러 왔어요. 미얀마에 있었을 때 양곤외국어대
          학교에서 한국어 전공으로 학부를 마쳤습니다.
          그래서 언젠가 한국에 유학 가서 한국말도 더
          늘릴 겸, 다른 분야를 배우고 싶은 마음이 있었
          어요.

해온   한국에 오시기 전, 한국에 대해 갖고 있던 이미
          지와 오시고 나서 달라지거나 새로 갖게 된 이
          미지를 말씀해 주세요.

예진   한국 사람들에 대해서는 친절하고 다정하다는
          이미지, 한국에 대해서는 선진적이고 발전한 나
          라, 추운 나라, 민주화를 이룬 나라라는 이미지
          가 있었어요. 한국 사람들과 만나서 느낀 건, 많
          은 사람들이 정신적으로 힘들어한다는 거예요.
          '빨리빨리 문화'의 영향도 있을 테고 하늘 쳐다
          볼 여유도 없을 정도로 바쁘게 살다 보니 그런
          것 같아요.
          그리고 회식 자리에 갔을 때 힘들었던 게, 보통

회식 자리의 식탁에는 술과 고기가 올라오잖아요. 그런데 술과 고기는 미얀마에서는 배척하는 음식들이고 제 개인적으로도 술을 못 마셔요. 그런데 그것을 계속해서 권하는 사람들이 있고, 그것을 거절하는 게 너무 어려웠어요. 물론 저를 배려해서 제가 먹을 수 있는 음식이 있는 식당으로 가는 고마운 분도 계셨지만, 그게 매번 쉬운 것도 아니고 다른 사람들을 불편하게 하는 것일 수도 있으니 회식을 피하게 되더라고요.

또 한국 와서 알게 된 것은, 아시다시피 한국이 단일민족 국가이기 때문에 사람들이 자신들의 문화를 강요하는 경향이 있다는 것이에요. 특정 보수적인 세대분들이 그러는 경향이 있어요.

해온   그렇다면 미얀마인과 한국사람들을 비교해보고 싶어요. 어떤 점이 같고 다른가요?

예진   둘 다 정이 많은 것 같아요. 제 생각에는 정은 아시아에 사는 사람들에게만 있는 것 같아요. <응답하라1988>과 같은 드라마에 나오는 한국의 정겹고 서로 아껴주는 그런 분위기가 지금의 미얀마와 똑같다고 보면 돼요.

다른 점이라고 한다면 한국은 누군가 술에 취해서 길이나 기차역에 쓰러져 있으면 안전하게 귀가할 수 있도록 주변 사람들이 도와주는 것 같은데, 미얀마는 정반대예요. 우선 말씀드렸다시피 술을 마시는 것 자체가 좋지 않은 시선을 받고, 그 술에 취해 돌아다니며 제구실까지 못한다면 자기 관리를 못 하는 나쁜 사람으로 여겨요. 게다가 한국은 술에 취한 상태로 범행을 저지르면 심신미약으로 봐서 감형해주는 법이 있더라고요. 하지만 미얀마에서는 술을 마시고 범죄까지 저질렀기 때문에 오히려 더 엄격하게 처벌해요. 이런 술에 대한 문화 차이에 대해서 대학교에서 발표한 적도 있어요.

그리고 생활 리듬에도 차이가 있어요. 우리나라는 농사를 많이 짓기 때문에 대부분 새벽 5시부터 일어나서 일을 시작해요. 그리고 새벽 4시쯤에 집 앞에 오신 손님들에게 아침밥 공양을 드리는 문화도 있어요.

앞서 인터뷰한 에이띤 씨도 새벽 5시에 일어나 집안일을 해왔다. 한국에 와서도 같은 생활을 했는데, 소음 문제로 이웃과 갈등이 있었다고 했다. 인터뷰를 위해 세 번의 만남을 가지며 에이띤 씨가 무척 부지런한 사람이라고 생각했는데, 그것이 개인의 특성이 아니라 농업국가인 미얀마인들의 민족성이라는 것을 뒤늦게 알았다.

예진　　일찍 일어나서 활동하는 이유는 미얀마는 해가 굉장히 뜨겁기 때문에 해가 뜨기 전에 일을 끝내놓고 1시쯤에는 무조건 쉬어야 해요. 쉴 시간대에는 긴급문자로 알림도 와요. 해가 뜨거울 때 그늘 없는 곳에서 일하거나 목욕하다 죽는 사람들이 엄청 많거든요. 그리고 쉴 때는 보통 낮잠을 자요. 한국에서는 낮잠을 자면 게으르다고 생각하잖아요. 한국은 뭐든 신속하고 효율적으로 하는 것을 좋아하다 보니 빠르게 성장할 수밖에 없었던 것 같아요. 미얀마에서는 낮잠을 자며 쉬는 게 꼭 필요하고 명상도 자주 하기 때문에, 한국인과 같이 일을 하게 되면 서로 이해하기 어려울 수도 있어요.

저도 한국 사람들과 일할 때 여유가 없는 느낌을 많이 받았지만, 새로운 것에 계속해서 도전하는 것 등 배운 점들도 많아요. 반대로 그분들은 저를 답답하게 느꼈을지도 모르지만요.

해온   한국역사는 얼마나 아시나요?

에진   미얀마 학교에서는 한국 역사에 대해서 그렇게 자세히 다루지 않아요. <1987>이라는 영화를 감명 깊게 봤는데, 그걸 본 후 1년 뒤에 쿠데타가 터진 걸로 기억해요. 한국에서 미얀마 민주화 운동을 시작하면서 한국사 관련된 책도 읽고, 어떤 미얀마 작가분이 한국의 민주주의 과정에 대해서 쓴 글도 읽고, 또 민주화 활동하면서 정치인들도 많이 만나면서 한국 역사를 많이 알게 됐죠. 그러면서 한국의 민주화 운동 과정이 제 생각보다는 심각했다는 것, 또 어떤 점이 미얀마와 비슷하고 다른지 배웠어요.

이번에 영화 <서울의 봄>도 봤는데 미얀마와 다른 게 많이 있어요. 군부가 쿠데타를 하는 과정에서 둘로 나뉘어서 대립한 것, 이후에 일어난 민주화운동도 광주 쪽에서만 크게 일어난 것은, 전국적으로 민족 가리지 않고 일어난 미얀마의 민주화 운동과는 차이가 있다고 할 수 있어요.

한국의 독재자들은 교육을 폐쇄하진 않았더라고요. 경제나 문화에는 영향을 가했었지만. 미얀마 군부처럼 대학교를 도심에서 멀리 세워버리는 식으로 학생들이 모여서 데모를 하지 못하도록 강하게 압박하진 않았더라고요.

그리고, 미얀마는 기숙사가 없어요. 미얀마는 교육과정을 한국보다 일찍 마치기 때문에 16살이 되면 대학교에 들어갈 수 있어요. 저도 16살에 양곤에 올라가서 굉장히 힘들었던 기억이 있고요. 그 어린 나이에 기숙사가 없어서 하숙집 같은 곳에서 살았어요. 다른 학생들은 대학생활이 힘들어지면 마약에 손을 대는 등 나쁜 길로 빠지는 학생들이 많아요.

그리고, 제가 어릴 때는 군부가 정권을 잡고 있는 걸 당연하게 여겼기 때문에 TV나 라디오는 정해진 방송만 의무적으로 시청해야 하거나, 15분 동안의 군가를 들은 후 보고 싶은 것을 봐야 하거나 하는 것이 인권침해였다는 것을 몰랐어요.

신분증과 여권을 만들기도 어려웠고, 특히나 민족 사람들에게는 더 힘든 일이었죠. (다민족 국가

인 미얀마에서 주류가 아닌 민족들은 차별을 받았
다) 제 아버지 쪽은 돈이 있어서 신분증을 일찍
만들 수 있었지만, 어머니 같은 경우는 50대가
되어서야 신분증을 받게 됐어요. 한국 여권은 갈
수 있는 나라가 많은 걸로 유명하잖아요. 하지만
우리는 그렇지도 않아서 비자를 받기가 너무 힘
들어요. 더군다나 군부의 블랙리스트에 올라있
는 저 같은 사람에게는 더욱 엄격하죠.

해온 고향이 어디인가요?

예진 피이라는 곳이에요. 그곳에서 16살 때까지 살다
가 대학교를 다니기 위해 양곤으로 갔어요.

해온 형제는 어떻게 되시나요?

예진 4남매이고 저는 막내예요. 언니와 오빠랑은 각
각 무려 20살, 18살 차이가 나요. 그래서 부모님
은 저에게 조부모님 같은 느낌이고 언니들이 엄
마 같아요.
그래서 한두 살 차이 나는 형제자매들을 볼 때
마다 너무 부러워요. 친구처럼 지낼 수도 있고....

자매는 서로 옷이나 화장품 공유가 가능하잖아
요. 그런데 저는 언니들이 챙겨준 기억밖에 안
나요.

해온 혹시 미얀마는 남녀차별이 아직 남아있나요?

예진 심각해요. 아까 말씀드렸던 술 마신 사람에 대해
안 좋게 생각하는 것이, 그 사람이 여자일 경우
더 심하거든요.
파고다를 비롯 미얀마에 있는 탑들에는 경고 문
구들이 있어요. 여자가 올라갈 수 있는 층수를
제한하는 거예요. 제한된 층수 이상은 남자나 스
님만 올라갈 수 있는 거죠. 안전과 관련 없이 이
건 차별이죠. 여자를 남자보다 계층이 낮은 존
재로 여기기 때문에 여자가 탑에 높이 올라가는
것은 그것을 깨는 거라고 생각하는 것이거든요.
또 빨래를 널 때 남자 것보다 여자 것을 높이 널
면 안 된다는 것도 있어요. 그래서 시위를 할 때
미얀마 전통 의상인 여성의 치마를 깃발처럼 사
용하기도 하면서 민주화와 함께 이루어져야 하
는 것이 양성평등이라고 생각하고 있어요.
실제로 군부가 아웅산 수찌 여사를 공격할 때,

여자의 말을 들으면 나라가 망한다는 속담을 이용하기도 해요.

해온   어릴 때는 어떤 사람이었나요?

예진   성숙한 편이었어요. 책을 좋아했고 공부도 수학은 약한 편이었지만 상위권이었어요. 대신에 몸이 약한 편이어서 학교를 빠지는 일이 잦았어요. 나이 많은 언니들과 부모님께 사랑을 많이 받았지만, 13살 때 아버지가 돌아가시면서 우리 가족이 많이 바뀌었어요. 그때 고등학교 진학을 앞둔 중요한 시기였거든요, 그래서 오빠가 저를 좋은 학원에 다니도록 많이 도와줬어요. 그런데 학원은 2개월밖에 못 다녔고 오빠는 죽게 되었어요. 저는 정신적으로 많이 힘들어져서 결국 일반 학교를 가게 되는 등 영향을 많이 받았어요.

저희 어머니는 40년 동안 같이 산 아버지가 돌아가신 후 아들까지 잃으셨으니 그 슬픔이 가족 중 가장 컸을 텐데, 우리 앞에서 항상 당당하게 있어주셨어요. 그런 어머니 덕에 저도 절망하지 말고 학교생활을 더 열심히 해야겠다는 생각을 했어요.

그러나 한편으로는 제가 가족의 경제부담을 일부 안게 되었기 때문에, 언니들이 바라는 의대에 들어가는 것과 제가 가고 싶은 외대 사이에서 고민해야 했어요. 아버지와 오빠가 있었더라면 좋아하는 대학교와 전공을 선택할 수 있지만, 가족을 위해 제가 도울 방법을 고민해야 했던 거죠. 결국 16살의 저는 제가 가고 싶은 외대를 선택했어요.

지금 생각해보면 섣불리 결정한 것처럼 보이지만 그때의 저는 가족을 도와야 한다는 책임감보다는 제가 열심히 해서 사람들에게 좋은 결과를 보여줘야겠다는 열정이 더 컸고 저 스스로를 믿었기 때문에 외대를 지원했어요.

해온   학창시절을 더 자세히 얘기해주실 수 있나요?

예진   초등학교 때 제 이모가 교장 선생님이자 영어 선생님었기 때문에 이모의 영향을 많이 받았어요. 영어 잡지나 영어 라디오를 많이 접하게 하고, 남들 6살 때 하는 글자공부도 4살 때부터 억지로 시키기도 했어요. 방학 때는 이모 집에서 자면서 영어 공부를 해야 했어요. 이모도 저에게 공부를 많이 시켰지만 아버지도 제 교육에 신경을 많이 쓰셨어요. 다만 교육관이 서로 달랐기 때문에, 저를 키우는 것에 대해 두 분이 많이 다투셨어요. 그리고 이모는 외대 영어전공이라면 모를까 한국어과에 가는 것에 대해 반대하셨어요. 그때 한국 드라마나 아이돌이 유명해서 제가 그것 때문에 간다고 생각하신 것 같아요.

해온　듣다 보니 궁금해지네요. 한국어과를 선택하신 이유가 무엇인가요?

예진　저에겐 중국어와 일본어보다 쉬웠거든요. 어렸을 때 드라마를 많이 봤기 때문에 한국어가 익숙하기도 했고요. 그런데 미얀마 사람들은 일제 식민지 시대를 4년 겪었는데도 일본어를 제일 좋아해요. 여행을 가장 많이 가는 곳 중 하나도 일본이고요.

해온　어렸을 때 힘들게 공부했던 시절을 지금 돌아보면 어떤가요?

예진　저는 절대 나중에 제 아이에게 그렇게 안 할 것 같아요. 근데 결과적으로 보면 도움이 많이 됐죠. 스물여덟 살에 벌써 박사과정을 하고 있는 것도 그렇고, 남들보다 무엇이든 일찍 시작할 수 있는 것 같아요.

해온   그 외에 학창시절 때 기억나는 사건은 무엇인가요?

예진   초등학교 때 매달 1등을 경쟁하는 애들이 7명이 있었어요. 여자 4명 남자 3명이었는데 두 그룹이 서로 많이 싸웠어요. 여자 4명 중 한 명이 1등 하면 남자들이 엄청 노력하는 식이에요. 그 친구들이 중학교 때까지 제일 좋은 친구들이었고 지금까지도 연락을 해요.

그런데 어느 날 담임선생님이 우리들을 불러서 어두운 방으로 데려갔어요. 그리고 지금부터 보여주는 것은 절대 누구한테도 말하지 말라고 하셨어요. 그게 아웅산 수찌 여사에 대한 영상이었어요. 그때 아웅산 수찌에 대해 처음 알게 되었고, 선생님께서 몰래 우리에게만 보여주시는 그 상황이 무서우면서 이해가 안 됐어요. 그래서 집에 도착해서 아버지에게 아웅산 수찌가 누군지 여쭤보며 선생님이 몰래 영상을 보여주셨다고 말씀드렸더니 화를 내셨어요.

사실 아버지도 군인이셨거든요. 1988년까지 근무하셨는데, 잔인한 것도 많이 보시고 하시면서 그런 곳에서 계속 일하는 것이 맞지 않다고 생각하셔서 그만두셨어요. 아웅산 묘소 폭탄 테러 사건 현장에 계셨던 분이라서 그 사건 이후 복잡해지셔서 고향으로 돌아가신 거예요.

'아웅산 묘소 폭탄 테러 사건'은 미얀마만의 사건이 아니다. 내가 태어나기 전의 일이지만 어른들을 통해 우리 국민에게도 충격을 준 사건이었다고 들었다.

1983년 10월, 전두환 대통령이 당시 버마(정확히는 버마 사회주의 연방 공화국)로 불리던 미얀마를 방문 중이었는데, 아웅산 묘소에서 전 대통령을 노린 북한의 테러로 수행원 17명이 사망하는 끔찍한 일이 일어났다. 이 사건을 영화 〈헌트〉를 통해서 더 깊게 알게 됐다. 지금도 생생한 그 장면의 실제 현장에 예진 씨의 아버지가 계셨다는 것에 놀랐다.

해온　　좋아했던 책이나 영화는 무엇이었나요?

예진　　책을 많이 읽었는데 소설을 특히 많이 읽었어요.
　　　　시골 같은 배경의 소설을 특히 좋아했어요. 한국
　　　　으로 치면 전라남도 같은 곳.

해온　　한국에 미얀마에서 수입된 책이 있나요?

예진　　있긴 해요. 한결문고라는 서점에 있는데 좀 비싸
　　　　고 종류도 적어요. 미얀마 사람들은 그냥 주문해
　　　　서 읽는 편이에요.

해온　　만나이로 28살이신데, 그 나이의 보통 사람보다
　　　　다양한 경험을 하셨어요. 지금까지의 인생을 돌
　　　　아봤을 때 후회라든가 아쉬움이 있다면 무엇인
　　　　가요?

예진　　전반적으로 보면 만족해요. 무엇이든 최선을 다
　　　　해서 노력했다면 후회는 없다고 생각해요. 후회
　　　　하는 사람들은 노력이 부족한 것이고요. 저도 항
　　　　상 성공만 한 것은 아니지만 결과에 상관없이
　　　　열심히 노력했다는 것이 저를 만족하게 하는 것

같아요.

다만 10대 후반과 20대 초반에 너무 공부만 했다는 후회는 있어요. 연애를 한다든가 친구들과 더 많이 놀았더라면 하는.

해온 이제 민주화 운동 얘기로 넘어갈게요. 현재 미얀마 상황이 어떤가요?

예진 2015년에 민주 정부가 출범했고 개인사적으로 제 형부도 국회의원으로 나서는 등, 이제 앞으로 발전될 일만 남았다고 생각했어요. 외국 회사나 사람들도 많이 오고 인권과 자유도 누릴 수 있었어요. 저도 그때 무척 행복했고요. 그리고 2020년, 총선에서 이긴 후 우리가 하고 싶은 것 더 해보자고 생각하고 있었는데, 하루아침에 쿠데타로 이게 다 무너진 거예요.

그들이 언제든 쿠데타를 다시 일으킬 수 있다고 생각은 하고 있었지만, 그게 현실로 다가오니까 저는 너무 충격이었어요. 책을 통해서, 아버지를 통해서 보고 듣던 것을 제가 직접 경험하게 됐으니까요. 어떻게 같은 나라 사람을 군인이 이렇게 잔인하게 죽일 수 있는지 너무 놀랐어요. 그

들이 주장한 부정선거도 터무니없는 구실이에
요.

그래도 우리는 처음부터 지금까지 포기한다는
생각은 전혀 하지 않았고요, 끝까지 싸울 거예
요. 이번에 이겨서 다시는 이런 일이 일어나지
못하도록 뿌리 뽑아야 우리가 5년 동안 느꼈던
자유를 앞으로 영원히 누릴 수 있을 테니까요.

해온　　예진 씨가 현재 하고 계시는 민주화 운동은 구
체적으로 어떤 일인가요?

예진　　저는 쿠데타가 일어났을 때 한국에 있었기 때문
에 그 소식을 듣고 너무 충격을 받았어요. 그래
서 교수님이나 미얀마 선배들과 같이 시위를 나
가거나 혼자 1인 시위도 했어요. 2월 말쯤에는
양곤외대 때부터 사귀었던 유학생 친구들 5명이
모여서 '미얀마의 봄'이라는 단체를 만들었어요.
유학생들이 만든 단체는 저희가 처음인 것 같아
요.

그렇게 활동하다 보니까 옆에서 도와주시는 한
국분들도 생기고 또 경기도 의회에서도 연락이

왔어요. 그래서 같이 수원 아트센터에서 문화제도 했어요. 군부가 미얀마 국민들에게 하는 만행들을 소재로 공연으로 만들었는데 그게 성공했어요.

거기서 모금도 해서 미얀마에 보내니까 미얀마 사람들에게 많이 알려졌고, 사건을 모르던 한국인들도 많이 알게 돼서 여수, 목포, 광주 등 전국에서 그 공연을 하게 됐어요. MBC 같은 방송국에 인터뷰도 많이 나갔어요. 그렇게 우리 5명 멤버가 공연으로 모금활동을 하면서 12월까지 지냈어요.
그러다가 미얀마에서 무장투쟁이 시작돼서 돈이 더 많이 필요하게 됐지요. 그런데 한국에선 총선 기간이 다가왔고 저희를 도와주던 민주당 의원들도 내년엔 모르겠다는 말을 하시더라고요.

그래서 우리 '미얀마의 봄'도 언제까지나 공연과 문화재만 할 수는 없다고 생각해서 전략을 바꾸기로 했어요. 지원 없이 우리 스스로 할 수 있는 게 뭘까 고민하다가 하게 된 것이 헌혈 캠페인이에요. 미얀마 사람들이 기부하는 걸 좋아하기도 하고 우리를 도와준 한국에 대한 보답이었어요. 그래서 이게 언론에 나오게 됐고 감사하게도 경기도 사람들과 도지사분들, 그리고 미얀마 노동자들도 참여하게 됐어요.

그러다가 러시아—우크라이나 전쟁이 일어났고 시간도 많이 지나다 보니까 한국의 관심이 점차 줄어들었어요.

이후 미얀마 국경에 있는 피난민들에게 통역 봉사를 직접 간 적이 있어요. 그때 인연을 맺었던 PDF(미얀마시민방위군)분들과 힘들게 사는 사람들에게 다시 가고 싶은 생각이 들어서, 올해 5월에 한 번 더 갔다 왔어요. 두 번째 갔을 때는 어릴 때부터 군부가 나쁘다고 얘기했던 민족 사람들을 만나 하루 이틀 같이 지내기도 했어요. 한국에서 활동하다가 직접 가서 사람들을 만나고 상황을 제 눈으로 보게 되니까 생각보다 심각한 상황에 충격을 받았고, 내가 여태껏 해 왔던 것들이 너무 미미한 도움이었던 것으로 느껴졌어요.

해온 활동하면서 한국인과 접촉이 많으셨는데 그러면서 느끼는 게 무엇인가요?

예진 다른 나라에 비하면 한국이 제일 많이 도와주고 관심 가져줬던 것 같아요. 싱가포르에 있는 친구들 말로는 외교부에서 계속해서 시위하지 마라, 민주화 운동하지 마라, 이런 메일이 오기도 하고, 심하면 잡아가거나 비자가 차단된대요. 하지만 한국은 집회해도 얼마든지 받아주는 나라잖아요.

저도 시청 앞에서 1인 시위를 한 적이 있었는데, 옛날 운동권이었던 세대분들은 화이팅을 외쳐주시고 미얀마를 많이 응원해 주세요. 그런데 젊은 청년들 중 일부는 욕하면서 지나가는 사람도 있었어요. 왜 자기 나라 가서 안 하고 한국에서 난리냐고 하는 거죠.

그리고 현재는 한국 정부의 지원이 많이 줄었어요. 주로 도와주던 민주당도 야당이 되면서 저희에게 신경 쓸 힘이 약해진 것 같고요.

해온 지금도 많은 활동을 하고 계시지만 앞으로 민주화가 된다면 어떤 계획을 갖고 계시나요?

예진 군부를 끝까지 몰아내기 위해 노력할 것 같아요. 민주화가 돼도 민족 사람들과의 통일과 협력을 이뤄야 되는데, 언어와 문화가 다르기 때문에 제가 미디어를 활용해서 각 민족 간의 오해를 풀도록 노력하고 싶어요.

소수 민족의 여러 언어로 책을 출판해서 버마 문화와 버마 사람들의 마음을 알리고 싶고, 민족 언어로 방송하는 방송국도 만들어 나가고 싶어요. 언어 장벽을 넘어서 서로 이해를 해야 나머지 다양성을 받아들일 수 있게 될 거예요.

그래서 앞으로 버마족과 민족들 간의 부족한 부분을 미디어 및 출판으로 접근해 채우면서, 민족 통일과 연합 국가 만들어 가는 과정에 작은 도움이 되고 싶어요.

해온 미얀마의 민주화가 언제쯤 이루어질 것 생각하시나요?

예진 지금 내전은 이기고 있기 때문에 사람들이 2025년에는 될 거다, 라고 얘기하는데 제 생각엔 그렇게 쉽지만은 않은 것 같아요. 원래 있던 소수 민족 민병대들과 시민방위군들이 연대해서 버마 군부에 맞서 싸우고 있지만, 한편으로 군부를 이끄는 민 아웅 흘라인 사령관도 고집을 계속 피우면서 포기할 의지를 절대 안 보여요. 그 사람도 이미 말을 탔기에 끝까지 갈 것이고, 우리도 이번에 절대 지면 안 되는 상황이라 양쪽 다 많은 희생을 하면서 끝까지 싸워나가야 할 것 같아요.

그래서 제 개인적인 생각으로 1~2년보다 시간이 더 걸릴 수 있다고 생각합니다. 그리고 내전이 끝났다고 바로 나라가 원상 복구되지 않잖아요. 새로운 지도자를 뽑는 과정에서 싸움이 날 수도 있고 '민족 사람들'과의 갈등을 해결하는 과정에 이르기까지 최소 5년은 힘든 상황일 거예요. 미얀마가 바로 잡힐 때까지 희망을 가지고 노력하고 싶어요.

해온   마지막으로 이 책을 읽는 사람들에게 하고 싶은 말이 있나요?

예진   미얀마의 민주화에 끝까지 관심을 가져주셨으면 좋겠고, 한국에 거주하고 있는 미얀마 민주화 운동가들에게도 많은 지원과 관심을 부탁 드리고 싶어요.

한국은 표현의 자유가 이루어진 나라로 알고 있기에 방송과 뉴스, 출판과 신문 모든 미디어에 미얀마 관련 뉴스들을 자꾸 실어주시고, 미얀마 난민 신청자들의 난민 인정과 체류 문제도 관심 가져주시길 바랍니다.

미얀마의 민주화 과정에 대한민국이 함께 해왔다는 것, 또 대한민국 국민들이 연대와 응원을 보내주신 것, 우리 미얀마의 역사 속에 기록될 것입니다.

아홉 번째 대화
윤성효
Yun Seong Hyo

<오마이뉴스> 기자

"힘없는 자의 목소리를 전하는 게 기자 임무입니다."

아홉 번째 대화
윤성효
Yun Seong Hyo, 1965년생
<오마이뉴스> 기자

한국인 가운데 미얀마 민주화 운동에 동참하는 사람은 없을까, 그 의문을 갖고 알아보다가 아주 특별한 사람을 알게 됐다. 미얀마 민주화 운동에 관련된 기사만 3년간, 400건 가까이 써온 기자.

<오마이뉴스>의 윤성효 기자였다.

인터뷰 부탁에 윤 기자님은 하루 정도 시간을 달라고 하시더니 '원래 이런 인터뷰에 잘 응하지 않는데, 청소년이 미얀마 민주화에 관심 갖는 것에 마음을 열었다'라며 인터뷰를 수락했다. 만남의 장소는 경남 창원시의 노동회관.

창원은 세 번째 만났던 아웅묘우 씨와 인터뷰를 했던 곳이었기에 낯설지 않았다. 기자님과의 약속 장소로 가면서 '이 프로젝트로 인터뷰를 처음 해보는 내가, 인터뷰가 일인 기자를 만난다는 사실'에 긴장이 됐지만 배울 게 많겠다는 생각에 기대가 컸다.

인터뷰를 하는 과정에서 기자님의 존재감이 더 크게 다가왔다. 미얀마 민주화에 한 공로로 국민통합정부(NUG)로부터 특별 감사장을 받았다는 것, 지난해 2023년, 큰 화제가 된 다큐멘터리 영화 〈어른 김장하〉에 출연했다는 것, (인터뷰 후에 일부러 영화관을 찾아가 보았는데, 영화의 감동 못지않게 '내가 인터뷰한 기자님의 얼굴을 스크린에서 만났다'라는 반가움이 컸다) 그리고 인터뷰 후 맛나고 푸짐한 동태탕을 사주셨다는 것까지.

해온   기자님께서 일하시는 신문사와 지역에 대한 소개부터 부탁드리겠습니다.

윤성호   2002년 1월부터 〈오마이뉴스〉에서 일하고 있습니다. 부산, 경남, 울산 전체 담당하는 지역 유일의 상근기자였는데, 부산 담당 상근 기자가 생기면서 현재는 경남지역만 담당하고 있습니다. 정치, 경제, 사회, 문화 등 특정한 분야 없이, 지역에서 일어나는 일들을 다 살핀다고 보면 됩니다.

해온   그럼 2002년 전에는 다른 일을 하셨나요? 아니
면 다른 신문사에서 일을 하셨나요?

윤성호   <오마이뉴스>를 하기 전에는 10년간 옛 <진주
신문>에서 취재·편집 기자로 일했습니다. 2002
년, <오마이뉴스>에 와서는 취재만 신경 쓰니까
너무 편했습니다.
대학을 졸업하고 줄곧 언론 쪽에서만 일을 해왔
습니다. 재주가 없다 보니 다른 일을 못하고 있
는 것 같습니다

해온   미얀마 관련 기사만 3년 동안, 무려 400차례 가
까이 쓰셨다고 들었습니다. 현재 우리나라에 미
얀마 문제에 윤 기자님처럼 이렇게 오랫동안 지
속적으로 관심을 가진 분이 또 계신가요?

윤성호   글쎄요. 다른 언론사의 사정은 잘 모르겠습니다.
저는 미얀마에서 군부쿠데타가 발생한 2021년
2월부터 관심을 가졌고, 제가 파악할 수 있는 정
보나 자료, 집회나 모금 운동 등 내용이 있다면
기사화를 해왔습니다.

우리나라 사람 가운데 미얀마 사태에 대해 관심을 갖고 여러 방면으로 활동하는 분들이 더러 있는 것으로 압니다. 분쟁지역 전문 독립 PD로 알려진 김영미 PD는 미얀마 소식을 알리기 위해 <다큐 앤드 뉴스 코리아>를 설립해 활동하는 것으로 알고 있습니다. 그리고 부산 등 다른 지역 시민사회단체들이 연대해서 집회를 열거나 군부쿠데타 이후 벌어진 사진을 모아 전시하기도 하고, 피란민 돕기를 위한 모금 운동을 벌이고 있는 것으로 압니다.

저는 미얀마 사태와 관련해 경남지역을 비롯한 전국에서 관련 움직임들이 있을 때마다 전달하는 정도의 역할을 한다고 봅니다.

해온   제일 처음 미얀마 기사를 쓴 게 언제인지요? 또 어떤 계기로 쓰게 됐습니까?

윤성효   개인적으로 이전에 미얀마를 두세 번 여행한 적이 있습니다. 불교 사원을 둘러보기도 하고, 우리나라에 본격적으로 알려지기 전에 다녀온 '천불천탑'의 고대도시 바간이 아주 인상 깊었습니다. 많은 나라를 다녀본 것은 아니지만, 미얀마 국민들이 다른 나라 사람들에 비해 순박하고 착하다고 느꼈습니다. 평소 그런 생각을 하고 있었는데, 군부쿠데타가 발생했다는 소식을 듣고 안타까웠습니다.

2021년 2월 당시, 한국 국민들도 미얀마 쿠테타에 관심이 높았을 때, 경남이주민센터를 통해 경남미얀마교민회, 한국미얀마연대 등 단체 관계자들을 소개받았습니다. 쿠데타가 일어난 뒤 학살과 시민저항을 담은 사진과 영상을 비롯한 자료들을 거의 매일 전달받을 수 있었고 그것을 기사로 내보냈습니다. 영상으로 보는 당시 미얀마 사태는 정말 심각했습니다. 군인이 시민을 향해 총 쏘는 장면의 영상, 피 흘리며 죽은 모습의 사진… 편집부와 논의해서, 너무 자극적이거나 험악한 장면의 사진은 첨부하지 않거나 모자이크 처리를 해야 할 정도였으니까요.

<오마이뉴스> 본사에서도 관련 사진, 영상 등 자료를 입수할 수 없는 상황이었고, 내부적으로 유일하게 저한테만 들어온 것이라 보면 됩니다. 미얀마 군부가 처음에는 사진이나 영상이 외부

로 나가는 것에 대해 통제를 안 했던 시기였던 거 같고, 그러다가 한참 뒤부터는 받을 수 있는 자료가 제한적이었습니다. 다른 언론사들도 물론 보도를 했지만, 당시부터 최근까지 거의 매일 기사로 정리한 언론사는 <오마이뉴스>가 유일했을 겁니다.

해온   미얀마의 언론통제로 뉴스가 나라 밖으로 전달이 잘 안 된다고 들었습니다. 그런데도 3년간, 400차례 가까이 보도할 내용이 있었나요?

윤성효   미얀마 현지 소식도 전하지만, 우리나라에 와있는 미얀마인들의 민주화 운동, 미얀마인들과 연대하는 한국인들도 취재해 보도합니다.

대표적으로 경남 창원에서 집회가 꾸준히 열렸는데요, 노래 부르기, 발언 등으로 진행되는 이 집회에 미얀마인들 외에도 창원지역에서 활동하는 시민운동가나 정치인, 문화예술가들이 함께했습니다. 처음 몇 차례 집회를 취재해서 보도하면서 지켜보니, 이 현장은 지속적으로 보도할 가치가 있다고 생각하게 됐습니다.

경남 미얀마교민회에서 저한테 감사패를 주었는데, 그때 제가 인사말을 하면서 했던 말이 기억나네요. "노동운동하는 사람들이 하는 말이 있다. '찔긴 놈'이 이긴다는 말이다. 그러니 고국의 민주화를 위해 포기하지 말고 끝까지 나서야 할 것이다"라고요.

해온　　　잊을 수 없는 취재 이야기가 많을 것 같습니다.

윤성효　　글쎄요. 미얀마인인 네옴 경남 미얀마교민회 회장이 먼저 떠오릅니다. 한국말을 잘해요. 하루는 저를 부르기를, '우리 기자님'이라고 하더라요. 지금까지 오랫동안 취재기자 생활을 해오면서 '우리 기자님'이라고 하는 소리를 들어 본 적이 없었는데요. 그 말을 듣고 '나를 미얀마 사람이라 여기는가'라는 생각이 들었습니다. '우리 기자님'이라고 하는데, 일요일 오후에 열리는 집회에 나가보지 않을 수가 없더군요. 미얀마 사태에 관심을 계속 가지지 않을 수가 없더라고요.

또 몇몇 친구들이 생각나요. 다들 이주노동자인데, 거의 1주일에 엿새 정도를 일하는데, 하루 쉬는 날인 일요일에 집회에 참석합니다. 미얀마에서 대학을 나와 이주노동자로 와서 기타 치며 노래 부르는 친구도 있고, 멀리 부산 쪽에 있는 공장에 다니면서도 몇몇이 차를 타고 창원역 광장까지 온 친구도 있고…

미얀마 청년들은 우리보다 좀 일찍 결혼을 하는 거 같더라고요. 한 20대 후반 친구는 결혼하고 바로 한국에 일하러 왔는데, 쿠데타가 터지는 바람에 부인을 못 만나는 상황이 되다 보니 힘들어한다는 말도 들었고요.

또 한 친구는 이주노동자로 왔다가 한참 뒤에 미얀마로 돌아갔는데 연락이 두절됐다는 소식에 걱정을 했습니다. 고향에 갔다가 군대에 잡혀가서 고초를 당했다는 말도 들리더라고요. 연락을 할 수도 없고, 이철승 경남이주민센터 대표 등과 걱정을 하고 있었습니다. 그런데 한참 뒤에 그 친구가 전화를 한 겁니다. 한국에 다시 와서 일하게 되었다고요. 얼마나 반갑던지요. 그래서 창원에서 만나 같이 식사를 했지요.

조모아 한국미얀마연대 대표, 대구 마나빠다이 불교센터 위수따 스님은 일요시위에서 자주 발

언을 했고요, 어느 누구보다 열정적으로 '미얀마의 봄' 혁명을 위해 외치는 모습이 인상적이었습니다.

해온   저는 놀랐던 것이, 미얀마인들이야 자신들의 나라를 위해서 민주화 노력하는 게 당연한데, 우리나라 사람들이 열심히 도와주고 있더라고요. 아무것도 받지도 않고 말이죠. 그런 분들이 계시는지 몰랐습니다. 전국적으로 그런 분들이 꽤 있으시다면서요?

윤성효   미얀마 민주화를 위해 관심을 갖거나 활동하는 우리나라 사람들, 단체들이 많습니다. 미얀마 출신들이 거리에서 피란민 돕기 모금 운동을 하면 길을 가던 어린이부터 학생, 주부들도 지갑을 꺼내 몇 푼이라도 모금함에 넣고 가는 모습을 자주 봅니다.

특히 부산지역 시민사회단체는 활동이 활발합니다. '이주민과 함께' 등 단체들은 '미얀마 민주항쟁연대 부산네트워크'를 결성해 꾸준하게 활동하고 있습니다. 지난해 12월 3일, 부산 남포동에서는 '미얀마 피난민 긴급식량 지원을 위한 이야기마당, 전시, 물품판매 행사'가 열리기도 했습니다. 피란민들의 먹을거리를 쿠키(빵)로 지원해 준다는 의미에서 모금운동을 벌이면서 행사를 열었던 것인데, 꽤 많은 사람들이 힘을 보태고 제법 많은 돈을 거둬 태국에 있는 한 단체를 통해 피란민에게 지원한 것으로 알고 있습니다.

'미얀마 민주항쟁연대 부산네트워크'는 미얀마에 군부쿠데타가 일어난 이후인 2021년 3월, 발족하여 활동하고 있으며, 월 1회 '미얀마에 민주주의를—미얀마 민중과 함께하는 집중집회' 등 공동행동을 해오고 있습니다.
쿠데타 발발 직후와 비교해 볼 때 지금은 일반 시민들의 관심이 많이 떨어진 것은 사실이나, 관련 단체는 꾸준하게 활동을 하고 있다고 봅니다.

해온   제 친구들한테 미얀마 민주화를 위해 연대하는 사람들 이야기를 했더니, 우리나라도 현재 힘든 일이 많은데, 왜 남의 나라 민주화 투쟁에 관심을 갖고 도와야 하는지 궁금해하는 친구가 있었습니다. 그에 대한 선생님의 말씀, 조언 듣고 싶습니다.

윤성효 한국의 과거 군부독재 반민주 역사는 오늘날 미얀마의 현재이고, 한국의 현재의 자유민주 사회는 미얀마의 미래가 될 것입니다.

한국은 군부독재 폭정의 시절에 선진 유럽 시민사회뿐만 아니라, 아시아의 필리핀, 미얀마 시민사회로부터 민주화 운동에 도움을 받았던 역사를 기억해야 합니다. 이제는 한국 시민사회도 군부독재에 신음하는 나라들의 아픔과 고통에 연대하여 인류의 보편적 민주시민 사회의 가치를 실현하는 세계시민사회 연대에 책임감과 성숙한 세계시민의식을 갖고 임해야 합니다. 남 일, 남의 나라 일이 아니라 곧 내 일, 우리 일이라는 생각을 해야 한다고 봅니다.

지구촌이 갈등이나 전쟁 없이 평화로워야 합니다. 만약 나중에 내가, 우리가 힘든 상황이 발생한다면 우리가 다른 나라의 힘든 상황을 외면하지 않았을 때 외국의 이웃들이 나를 위해, 우리를 위해 나서 줄 것이라는 생각을 하게 됩니다.

해온 그런데 기자님, 왜 꼭 미얀마여야만 합니까? 기자로서 우크라이나, 팔레스타인 문제가 더 시급하다고 생각 안 하시는지요?

윤성효 팔레스타인, 아프가니스탄 등 해외 여러 나라에도 분쟁이나 갈등이 있고, 그런 상황이 끊이지 않고 있습니다. 하지만 국내에서 관련 단체나 해당 국가 출신의 이주민들이 관련된 활동이나 목소리를 한두 번만 내고 말거나 내지 않으니까, 기자들도 할 일이 없는 겁니다.

그런데 미얀마는 그렇지 않았습니다. 한국에 있는 미얀마 출신들은 집회든 1인시위든, 모금 운동이든 끊임없이 계속 하고 있고, 그에 따라 관련 정보와 자료가 지속적으로 입수되고 있어 보도하게 된 것입니다.

러시아의 우크라이나 침공 때 경남이주민센터에서 우크라이나 출신들을 만나 입장을 들어 기사로 다룬 적이 있습니다. 그러나 우크라이나 출신들은 미얀마 국민들처럼 끈질기게 하고 있지 않다고 봅니다.

목소리를 내기 위해 여러 사람을 조직하고, 이를

지속화하는 면에서, 미얀마공동체가 다른 나라 이주민들과 비교해 볼 때 더 열심히 하고 있습니다.

해온 그런데 미얀마 군부가 무척 살벌하게 국민들을 잡아가고 고문하고 살해하고 한다고 들었습니다. 미얀마 사람들이 우리나라에서 '군부독재 타도하라!' 외치고 있는데, 나중에 별 탈이 없을까요?

윤성효 집회에 참석한 사실을 미얀마 군부가 알게 될 경우, 미얀마의 가족에게 협박을 가할 수 있고, 미얀마에 갔다가 다시 한국에 오기 어려울 수 있습니다. 그래서 저도 집회에서 사진을 찍을 때, 미얀마인들의 얼굴이 잘 드러나지 않도록, 멀리서 찍거나 마스크를 쓰게 합니다. 군부의 탄압이 여러 형태로 나타나면서, 이주노동자의 보호를 위해 창원역 광장 집회를 중단하기도 했습니다.

그렇다고 미얀마인들이 쉽게 굴하지 않습니다. 집회 중단 이후에, 일부 미얀마인들은 거리에서 피란민 돕기 모금활동을 벌였습니다. 그 현장도 지켜본 후, 기사화했습니다.

해온   기자님은 미얀마의 미래를 어떻게 보십니까? 미얀마인들을 직접 만나 인터뷰 해보니, 미얀마의 봄에 대해 희망 반, 걱정 반인 것 같았습니다.

윤성효   미얀마는 희망입니다.

물론, 미얀마에서는 요즘도 쿠데타 군대의 폭격 등으로 학살이 자행되고 있고 인권침해 상황이 아주 심각한 것으로 알고 있습니다. 특히 소수민족군과 시민방위대들이 쿠데타 군대와 곳곳에서 전투를 벌이고 있고, 또 승려와 시민들이 민주화 시위 등 파업을 벌이고 있는 것으로 압니다. 미얀마 국내에서도 시민들이 싸우고, 해외에서도 미얀마 출신 이주민들이 싸우고 있으니 그들의 희망대로 될 날이 곧 오리라 봅니다.

어느 민족이든, 국민이든, 민주화를 위한 희망의 끈을 놓지 않는다면 언젠가는 목표에 도달할 것이라고 봅니다. 미얀마의 군부독재가 빨리 끝난다면 동남아를 비롯한 세계 여러 나라의 독재국가 국민들한테도 희망이 되어줄 것입니다.

해온 마지막 질문입니다. 미얀마의 민주화를 위해 연대하는 어른들을 보면서 훌륭하다는 생각이 들었습니다. 그런데 저 같은 10대들은 어떤 식으로 연대할 수 있을까요? 집회에 나가는 것, 모금하는 것 모두 어른들에 비해 한계가 있어서요.

윤성효 이렇게 관심을 가지는 게 중요하지 않을까요. 학교에서 수업시간에 미얀마 군부쿠데타를 깊게 다루지 않을 거 같은데, 서로 모여서 토론하고 관련 자료를 찾고 하면서 관심을 가질 필요가 있다고 봅니다. 우리나라의 과거 군사독재와 비교를 해보면서 토론하고 공부하는 것도 좋을 것 같습니다.

미얀마에 사는 어린이, 학생들도 매우 힘든 것으로 압니다. 쿠데타가 처음 발발했을 때, 학부모들은 쿠데타 정부에서 가르치는 교육을 받을 수 없다고 해서 자녀들을 학교에 보내지 않는, 이른바 등교거부 투쟁을 한동안 했던 것으로 압니다. 학교 교사들도 가르치는 일을 그만두고 시민방위대로 들어가는 사례가 일부 있었던 것으로 압니다.

지금 미얀마 내부 학교 상황은 알려지지 않아 정확히 알 수 없지만, 학생들 또한 매우 힘든 시간을 보내고 있으리라 짐작이 됩니다.

우리 학생들이 학교에 뜻이 맞는 친구들이 있다면, 아니면 학교가 다르거나 멀리 떨어져 있더라도 사회관계망서비스 등을 통해 함께 할 수 있는 방법을 찾을 수 있을 것입니다. 평소에는 어려울 수 있지만, 방학 때 시간을 내서 할 수도 있다고 봅니다.

내가 남을 돕는 일에 관심을 가져야 나중에 내가 힘들어질 때 남이 나에게도 관심을 가질 것이라 봅니다.

해온 저도 친구들에게 미얀마의 현실을 알리고, 돕고, 연대할 방법을 고민하겠습니다. 말씀 감사합니다. 많이 배웠습니다.

에필로그

두 달은 너무나 행복하고 값진 시간이었다. 섭외의 어려움, 언어소통의 한계, 실수로 지워진 녹음파일 등 꼬이고 막힌 순간들도 있었지만, 돌아보니 그것들조차 재미난 추억이다.

뜻밖의 발견도 있었다. 인터뷰하는 일이 내 적성에 맞는다는 것을 알게 됐다. 더 다양한 분야, 더 높은 난이도의 인터뷰에 도전해 보고 싶어졌다.

이 추억과 발견 모두, 아홉 분 덕분이다. 프로젝트의 원활한 시작을 도와준 조산 씨, 박학다식함으로 인터뷰의 질을 높여준 조모아 씨, 대화의 감동은 솔직함에서 시작된다는 귀한 깨달음을 주신 아웅묘우 씨, 다양하고 풍부한 자료를 제공해주며 그 누구보다 고국에 대한 애정을 뜨겁게 전달한 네옴 씨, 삶이 한 편의 드라마여서 긴 여운을 주었던 에이띤 씨, 촌철살인의 답변으로 침묵의 의미를 돌아보게 해준 몬난따킨 씨, 미얀마 아이들의 고통을 가슴으로 전해준 미모뚜 씨, 책의 시작부터 마무리까지 전방위적인 도움을 준 예진 씨, 그리고 연대와 참여의 가치를 일깨워주시고 전문기자만이 줄 수 있는 생생한 메시지로 이 책의 격을 높여주신 윤성효 기자님, 아홉 분께 깊은 감사를 드린다.

그리고, 이 책이 세상에 나올 수 있게 이끌어준 어른들이 계신다.

미얀마 영화제 봉사 기회를 주신 박영하 선생님,

나의 부족한 글을 읽고 흔쾌히 추천사를 써주신 시인 전종호 선생님, 첫 책의 디자인과 편집을 기대 이상으로 빛내주신 김현진 작가님… 감사함을 평생 갖고 갈 것이다.

지금 이 순간에도 세상 곳곳에서 갈등과 분쟁이 빚어지고 있다. 인터뷰하면서 만난 미얀마분들과 그들을 돕는 어른들을 만나 깨달은 것은 그 비극이 남의 나라, 남의 일이 아니라는 것이다. 그 깨달음을 내 삶 속에서 어떻게 살아나게 할 것인가가 앞으로 내가 풀어야 할 숙제다.

― 류해온

우리 가까이, 미얀마

19세 청년이 만난 9인의 미얀마 민주화 이야기

발 행 일 자 | 초판 2024년 4월 13일

저 자 | 류해온

디 자 인 | 구름손동네

제 작 | 세걸음

발 행 인 | 류근배

출 판 사 명 | 더스토리

주 소 | 경기도 파주시 직지길 194, 2층

연 락 처 | 1566-7520

이 메 일 | keunryu@hotmail.com

팩 스 | 031-955-3320

출 판 사 등 록 | 2024년 3월 19일 제 2024-000053호

ISBN 979-11-987262-0-9 (03300)